AF249806

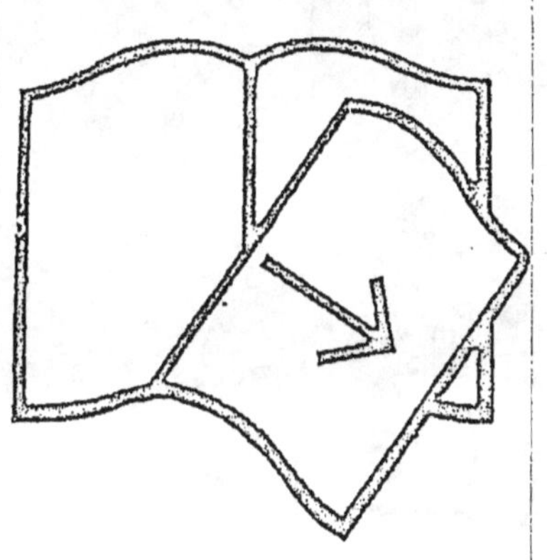

Couvertures supérieure et inférieure
manquantes

LES VEILLÉES POPULAIRES

LES

ÉTUDIANTS DE PARIS

PAR

ANTONIO WATRIPON.

RUE GUÉNÉGAUD

J. BRY, ÉDITEUR

Paris. Imprimerie Gerdès, rue Bonaparte 15

ÉTUDIANTS DE PARIS.

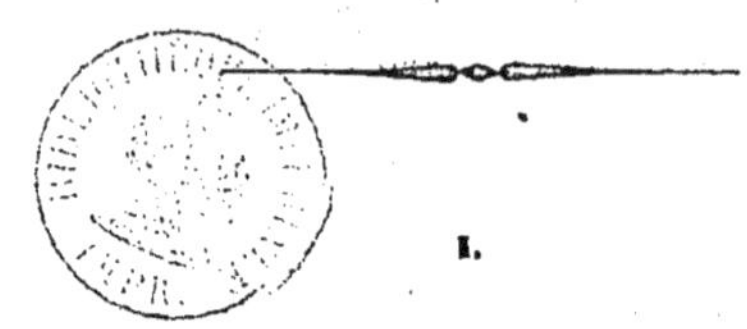

I.

LES ÉTUDIANTS D'AUTREFOIS.

I.

Où est né le génie de la France. — Recherche d'une langue nationale. — Ce que c'était que maître Cornificius. — Le Paris étudiant du douzième siècle — Pierre Abeilard. — Sa philosophie. — Il est clé comme hérétique aux synodes de Soissons et de Sens. — Bérenger devant le concile de Latran. — Jean de Salisbury et ses aventures. — Arnaud de Brescia. — Son supplice.

Le génie de la France est né sur une montagne. Là, du moins, nous apercevons son berceau battu des vents, sillonné par les tempêtes et les éclairs.

C'est sur le Sinaï que Moïse alla recevoir, autrefois, les tables de la loi des mains d'un Dieu gardé par la foudre. Nul ne pouvait approcher du saint des saints. Le peuple hébreu attendait en tremblant, au pied de la montagne, un code terrible.

Ici, plus de barrière, point d'intermédiaire entre la foule et Dieu. Nous sommes à la Montagne-Sainte-Geneviève, dans le Paris du XIIe siècle. C'est la MONTAGNE D'AMBITION, comme on l'appelle : *mons ambitionis*, — notez bien le mot. Tout un peuple d'étudiants, avide de sciences la couvre de la base au sommet. Cette jeunesse frémissante, c'est la France encore au maillot; elle aspire à se débarrasser de ses langes, à bégayer une langue; car il n'y a point encore de langue nationale.

C'est sous Louis-le-Jeune qu'on voit poindre l'aurore de la France intellectuelle. Cette nation peut vraiment s'appeler *Jeune* comme son monarque. Pour la première fois elle existe véritablement de la vie de l'esprit. De toutes les parties de l'Europe on vient étudier à Paris. Bientôt les Anglais et les Danois y auront des collèges fondés pour eux. Des lettres sont adressées au roi de France par des princes et des magistrats d'Italie pour recommander les jeunes gens qui viennent chercher des lumières dans sa capitale, que Thomas de Cantorbéry proclame *mère de la philosophie et des sciences*. Jean d'Hauteville, poëte contemporain, se laisse aller au plus vif enthousiasme dans quelques vers latins; il s'écrie que Paris est une autre région du soleil, riche en or et en hommes; elle résume à elle seule la poésie de la Grèce, de l'Inde et de Rome, et l'esprit de l'Attique; elle est la rose du monde, le baume de l'univers.

Le latin avait cessé, depuis plusieurs siècles, d'être la langue universelle. On cherchait à lui substituer une *langue nationale*, cette belle langue française qui allait devenir désormais le passeport de la civilisation.

Eh bien, à l'encontre de ces louables efforts, il y eut des hommes assez grossiers, assez barbares, assez ignorants, pour nier la nécessité de cette langue; bien plus, pour attaquer l'éloquence, la logique et la grammaire. Ils comparaient, avec une politesse aimable, les grammairiens, les orateurs et les dialecticiens aux bœufs d'Abraham et aux ânesses de Balaam.

Ces gens, qui se reproduisent dans tous les temps et auxquels il faut crier, hier comme aujourd'hui : « Honte éternelle ! » — ces gens, à qui les comparerons-nous ?...

Heureusement, leur caricature a été précieusement conservée; elle nous a été transmise avec soin par Jean de Salisbury; elle ressemble trait pour trait à ces silhouettes de cuistres bourgeois du XIXe siècle, que l'inexorable crayon de Daumier traduit aux grandes assises publiques dans leur monstrueuse obésité et dans leur comique hideux. C'est la terrible leçon que les Spartiates donnaient à leurs enfants en leur montrant des esclaves ivres-morts.

Attention ! voici le cuistre du XIIe siècle dans sa crasseuse laideur; c'est maître Cornificius, le ventre épais et l'esprit lourd; le visage impudent et flétri par tous les vices, la lèvre lippue et les joues pendantes, l'œil éteint et la main crochue. Son corps, cloaque de débauches et d'immondices, est ramassé sur lui-même; il exhale une odeur de crapule. Cornificius fait ses trois cuvées par jour; il ronfle vers midi et se couche dans une attitude qui ne conviendrait même pas à un pourceau d'Epicure.

Le portrait n'est pas flatté, mais nous le donnons tel quel. Il n'est pas plus élégant que son modèle.

Continuons :

Cornificius a pour amis tous les hommes sans lumières ou ennemis de la gloire des autres; ils se rendent en foule à ses leçons, si on peut les appeler ainsi. Ils s'y rendent pour apprendre qu'il ne faut rien savoir, et leur maître, à cet égard, est plein de sa doctrine. Sa parole ne tarit pas, mais elle est commune et vide. Il frappe l'air de mots que les vents emportent; il blâme tout insolemment, mais sans apporter jamais un argument pour combattre l'opinion d'un adversaire ou pour établir la sienne. Lui fait-on quelque observation, il s'irrite ou se met à rire. Cependant il repaît ses auditeurs de nia series et de fables, leur promettant de les rendre éloquents sans le secours de l'art et philosophes sans travail. Les plus ridicules questions s'agitent dans son école : on y examine si le porc qu'on mène au marché est traîné par la corde ou par l'homme qui la tient; si, en acquérant une chape, on acquiert son chaperon. On affecte tellement d'employer les particules négatives, que pour être sûr qu'elles ne se soit pas mutuellement détruites , si elles sont en nombre pair ou impair, on en prend note et on les compte même avec des pois ou des fèves. De grands cris sont le moyen le plus sûr d'obtenir la victoire. Les poètes, les historiens, sont déclarés infâmes. Quelqu'un s'adonne-t-il à la lecture des anciens, on le bafoue dans les termes les plus méprisants; ce n'est pas seulement un âne d'Arcadie; la pierre, le plomb sont moins bouchés, moins lourds que lui. Et les auditeurs d'un tel homme se trouvent tout à coup en état d'enseigner eux-mêmes ; il leur faut moins de temps pour être de grands philosophes qu'il n'en faut aux petits oiseaux pour commencer à avoir des plumes.

Qu'on se représente le Paris du XII° siècle; il est facile de s'en faire une idée. Paris, c'était alors l'île de la Cité, avec sa forme de vaisseau, jetée au milieu de la Seine. En avant, à la partie occidentale, le palais habité par les rois, auquel venait aboutir le Grand-Pont, qui conduisait, vers la rive droite, aux églises de Saint-Germain-l'Auxerrois et de Saint-Gervais. En face du palais, à l'autre extrémité de l'île, à l'est, l'église Notre-Dame, reliée à la rive gauche par le Petit-Pont qui menait à la Montagne-Sainte-Geneviève, dont le faîte était couronné par son abbaye. Dans l'île se trouvait le siége des quatre grands pouvoirs , la Royauté, l'Église, la Justice et l'Enseignement; mais de ce dernier s'étaient dégagées des forces libres qui tendaient à s'extravaser. Elles avaient pris leur essor en dehors de la Cité, loin de tout contrôle. Les écoliers avaient été chercher l'air et l'espace dans le voisinage des abbayes Saint-Victor et Sainte-Geneviève. C'était là désormais le centre des cours ou plutôt des *lectures*. Peu à peu s'étendant vers l'ouest, toujours sur la rive gauche, ils étaient venus prendre leurs ébats jusque dans les Prés-Saint-Germain. Ils en avaient fait le lieu historique de leurs jeux et de leurs rendez-vous.

Les écoliers, sous l'influence de leurs maîtres, s'écartaient insensiblement de la surveillance des évêques. Non pas que ces maîtres, pleins du plus profond respect pour la foi religieuse, voulussent substituer l'autorité de leur science à celle qu'ils regardaient comme légitime et nécessaire, mais ils voulaient avoir le mérite d'éclairer eux-mêmes les consciences; bien plus, ils regardaient cette tâche comme leur devoir. Aux écoles *palatines* fondées par Charlemagne, et à celles *épiscopales*, les unes et les autres élémentaires, avaient succédé des cours de haut enseignement. Ne l'oublions pas : on les appelait dès lors (1110) ÉCOLES SUBLIMES.

Les Irlandais, qui affluaient dans les écoles de Paris, y avaient apporté la scolastique. Le plus habile d'entre eux, Jean Scott, précurseur de Calvin, avait dirigé l'école palatine sous Charles-le-Chauve. La hardiesse de ses doctrines lui s'était réfugié en Angleterre et y avait été tué par ses disciples.

Jusque-là, pendant plus de cent cinquante ans après, l'école de Reims s'était seule distinguée par ses maîtres, saint Bruno, Roscelin (de Compiègne), chefs des *nominaux*, etc.

Depuis, Lanfranc avait mis en réputation l'école de Sainte-Geneviève, tandis qu'Adam du Petit-Pont et Pierre-le-Mangeur enseignaient à l'école épiscopale, qui se tenait au cloître Notre-Dame.

De ce que la scolastique a été la méthode employée dans les débats philosophiques de ce temps, gardons-nous de croire que l'ergotisme avait remplacé la logique et de conclure trop précipitamment à la barbarie du XII° siècle. Nous nous tromperions du tout au tout.

Guillaume de Champeaux, archidiacre de Paris, surnommé la *Colonne des docteurs*, fut le plus célèbre maître en scolastique. Abeilard, dont le nom est devenu fameux par ses amours, et qui méritait de l'être plus encore rien que par son génie, suivit les leçons de Guillaume, qui le prit en grande affection. Cette affection se changea bientôt en haine quand l'élève, surpassant le maître, l'eut embarrassé par ses objections.

La querelle qui s'agitait alors rappelait celle des péripatéticiens et des anciens rhéteurs. Elle avait été engagée par Roscelin qui soutenait la doctrine du *nominalisme*, à savoir, que les noms abstraits tels qu'amour, humanité, vertu, n'ont aucune existence réelle et tangible. Guillaume de Champeaux professait au contraire le *réalisme* le plus absolu ; il attribuait aux universaux une vie positive, et faisait disparaître les individus pour ne laisser apercevoir que les idées générales, les essences universelles, autrement dit les *universaux*. C'était, comme on le voit, une sorte de panthéisme. En résumé, l'*analyse* et la *synthèse*, sous des noms différents, se trouvaient aux prises et faisaient le fond de la discussion.

Abeilard, regardant la question des universaux comme le fondement même de toute dialectique, attaqua directement la doctrine de Guillaume de Champeaux et la ruina de fond en comble. Il mit de son côté le grand nombre d'étudiants qui suivaient ses leçons. Guillaume en vint à modifier ses premières opinions au point de les dénaturer, et se réfugia dans une sorte de *réalisme indifférent*.

De nombreux étudiants se groupaient déjà autour d'Abeilard et le pressaient d'ouvrir lui-même une école. Ses rivaux mirent tout en œuvre pour empêcher que ce projet ne fût exécuté à Paris. Le nouveau maître alla s'établir à Melun, d'où il tenait en échec l'école de Paris. Ses nouveaux disciples parlaient avec enthousiasme de l'art avec lequel il enseignait la dialectique. L'ardeur qu'il apporta dans le travail épuisa la santé d'Abeilard, qui alla se reposer en Bretagne. Il fut bientôt rappelé par les regrets de ses auditeurs; il entrait en convalescence lorsqu'il apprit que son ancien maître ne professait plus à Notre-Dame. Guillaume de Champeaux venait de se réfugier dans la vie du cloître, au milieu de quelques clercs réguliers de Saint-Victor. Il y fonda cependant une école de théologie, qui devint célèbre. Abeilard avait reparu tout à coup et lui avait succédé un instant dans sa chaire de Notre-Dame. De honteuses imputations dirigées contre lui par ses ennemis le firent interdire ; il fut contraint de retourner à Melun. Cette persécution ne fit que grandir la renommée d'Abeilard en déconsidérant Guillaume, qui vit déserter un à un ses disciples. Abeilard jugea que son heure était venue, et, prenant aussitôt une grande résolution, il vint, suivant ses propres expressions, *porter son camp* hors des murs, sur la Montagne-Sainte-Geneviève, et y dresser son école comme une espèce de batterie.

Abeilard menaçait d'éclipser tous ses émules. C'étaient autant d'ennemis acharnés contre lui, reconnaissant volontiers sa *science éprouvée* et son *éloquence sublime*. Guillaume de Champeaux, malgré sa vieille renommée, et Roscelin de Vierzi, tout évêque qu'il était, ne pouvaient plus retenir leurs élèves. A leurs redites sur le réalisme et le nominalisme ceux-ci préféraient, dans Abeilard, l'originalité de la forme et les hardiesses de la pensée. Les jaloux, qui avaient fini par former un petit noyau, cherchaient un éloquent contradicteur pour l'opposer à l'illustre maître. Un courageux élève de Joscelin, nommé Goswin, se présenta. Il était de Douai, et c'est par sa biographie, imprimée en 1620 dans sa ville natale, que nous connaissons l'anecdote. Ses camarades lui représentèrent vainement que la lutte était disproportionnée et qu'Abeilard ne manquerait pas de l'écraser sous sa terrible raillerie, si ce n'était sous son argumentation. Goswin n'écouta que son courage, et, tandis que ses camarades réunis par groupes dans leurs logements, comme des soldats sous leurs tentes, faisaient des vœux pour lui, il en prit avec lui quelques-uns et gravit la Montagne-Sainte-Geneviève. Il se comparait à David marchant à la rencontre de Goliath. Plus jeune de six ou sept ans qu'Abeilard, qui devait alors approcher de trente ans, il était petit, grêle, d'une figure agréable, avec le teint d'un enfant. Il entra bravement dans l'école et trouva le maître faisant sa leçon à ses auditeurs attentifs. Il prit aussitôt la parole et l'interpella hardiment ; mais Abeilard, lançant sur lui un regard dédaigneux et menaçant : « Songez à vous taire, » lui dit-il avec hauteur, « et n'interrompez point ma leçon. » L'enfant, qui n'était pas venu pour se taire, insista avec énergie, mais il ne put obtenir une réponse. Sur sa mine, Abeilard ne pensait pas qu'il en valût la peine et levait les épaules sans l'écouter ; mais ses amis, qui connaissaient Goswin, lui dirent que c'était un subtil disputeur et l'engageaient à l'entendre. « Qu'il parle donc, dit Abeilard, s'il a quelque chose à dire. » Le jeune athlète, libre enfin d'entrer en lice, commença l'attaque. Il posa sa thèse et ouvrit une controverse en règle. Selon le moine qui rapporte cette chronique, le petit David terrassa le géant ; il conquit tout d'abord l'attention de l'auditoire par la gravité de sa parole ; puis, il enlaça son adversaire dans le réseau d'une argumentation habilement serrée. Ayant ainsi *garrotté ce Protée par les indissolubles liens de la vérité*, il redescendit triomphalement la montagne, et, en rentrant dans les salles où l'attendaient ses condisciples impatients, il fut accueilli par des cris de victoire et d'allégresse. Goswin fonda plus tard une école à Douai. En attendant, la réputation d'Abeilard n'en grandissait pas moins, l'esprit nouveau était en lui et avec lui, et déjà il pouvait dire de Goswin ce qu'il répondait peu de temps après, à l'occasion de sa lutte avec Guillaume de Champeaux : « Si vous me demandez où est la victoire, je vous répondrai comme Ajax, il ne m'a pas surpassé. »

La philosophie n'avait pas à cette époque de représentant plus direct qu'Abeilard ; mais il lui manquait une connaissance certaine de la théologie. Le maître, pour l'étudier, ne dédaigna pas de redevenir élève. Il se rendit à Laon pour y suivre les leçons d'Anselme, qui passait pour le plus habile théologien de toute l'Église. A peine l'eut-il écouté, il trouva que ce vieillard n'avait d'autre mérite que la mémoire des textes des Écritures et une grande facilité d'élocution. « De loin » c'était un bel arbre chargé de feuilles ; de près, il » était sans fruits, ou ne portait que la figue aride de » l'arbre que le Christ a maudit. Quand il allumait son » feu, il faisait de la fumée, mais point de lumière. » Ce sont là les termes mêmes de l'opinion d'Abeilard. A la sollicitation de ses amis, il ne craignit pas de se poser en face d'Anselme et d'ouvrir sur les prophéties d'Ézéchiel une controverse qui fut suivie avec le plus vif intérêt. Anselme, furieux de son audace et plus encore de son succès, cédant d'ailleurs aux suggestions de deux étudiants qui avaient conçu de l'aversion contre le nouveau venu, lui interdit la continuation de ses gloses. Cette interdiction souleva un scandale inouï au sein de toute la jeunesse, qui cria à la jalousie.

Abeilard rentra triomphant à Paris, précédé du bruit de l'odieuse persécution qu'on venait de lui susciter. Les étudiants accoururent pour lui faire cortège et le prièrent de reprendre son enseignement.

Abeilard était arrivé à l'apogée de sa gloire. Ici viendrait se placer, — si nous écrivions l'histoire de l'homme, — la chronique de ses amours avec Héloïse et leur tragique dénoûment. Mais un intérêt plus élevé nous sollicite. C'est la recherche de toute une tradition, gloire de notre pays, que nous poursuivons.

Victime d'une vengeance dont la préméditation semble plus odieuse que celle d'un assassinat, Abeilard voulut se retirer du monde. Le malheur qui l'avait frappé excitait partout un cri de douleur et de colère. Une foule d'étudiants demandaient que le maître continuât ses leçons. En peu de temps il se trouva entouré d'un si grand nombre d'élèves, qu'il n'y avait ni assez de maisons pour les loger, ni assez de vivres pour les nourrir. Ceci se passait vers 1120. Il écrivit alors pour ses disciples une introduction à l'étude de la théologie, intitulée : *De la Foi à la Trinité*. Dans ce traité il cherchait à expliquer la religion par la philosophie. C'était élever l'esprit humain à la conception des dogmes du Christianisme ; implicitement c'était déclarer qu'on ne doit croire que ce que la raison peut comprendre. L'autorité ecclésiastique fut appelée à prononcer sur cette doctrine qu'on regarda comme entachée d'hérésie. Abeilard fut appelé devant le comité de Soissons assemblé pour le juger ; il risqua d'être lapidé en s'y rendant.

« Quelques docteurs de ce temps, écrivait Abeilard » pour sa défense, parce qu'ils ne sauraient atteindre » à la dialectique, l'appellent une déception ; ce qu'ils » ne peuvent comprendre est sottise ; ce qui les passe » est un délire. Ils s'appuient, s'il faut les en croire, » sur les livres sacrés ; mais que de saints docteurs la » recommandent, cette science qu'ils insultent ! On » peut leur montrer des citations des Pères qui jugent » la dialectique nécessaire pour comprendre, pour ex- » pliquer, pour défendre l'Écriture. Saint Augustin, » saint Jérôme même lui donnent à résoudre les diffi- » cultés de la foi. Qu'est-ce que les hérétiques, sinon » des sophistes, et comment confondrons-nous les so- » phistes, si ce n'est en nous montrant dialecticiens ? » Et nous sommes en cela les fidèles disciples du » Christ. Quel est le nom que lui donne l'Évangile ? » N'est-ce pas celui de la raison, du verbe incarné, de » cette lumière qui luit dans les ténèbres, de ce prin- » cipe enfin dont le nom grec est l'origine du nom de » la logique ? Si le Christ est si souvent appelé *Sophia* » ou la sagesse, s'il est le *Logos* ou le verbe dont par- » lent Platon et saint Jean, les amis de la sagesse ou » les *philosophes*, les disciples du verbe ou les *logiciens* » ne sont que les chrétiens les plus fervents. Ne sem- » blent-ils pas précisément chercher et invoquer ces » dons que le Saint-Esprit transmettait en langues de » feu, la parole, l'intelligence et l'amour ? Enfin, le » Christ lui-même, pour convaincre les juifs, n'a pas » dédaigné l'arme de la discussion. Il n'a pas toujours » prouvé la foi par les miracles ; lui aussi, il a recours » à la puissance de la raison... Pour les hommes qui » ont du discernement (*apud discretos*), la raison a plus » de force que les miracles, que l'on peut attribuer à » quelque pouvoir infernal. Si l'erreur peut se glisser » dans le raisonnement, c'est surtout quand on ignore » l'art de l'argumentation. Il faut donc s'adonner à la » logique qui pénètre tout, même les questions sacrées, » et qui confondra surtout les docteurs présomptueux » qui se croient les mêmes droits qu'elle. »

Le logicien fut condamné contre toutes les formes usitées, et obligé d'aller subir dans l'abbaye de Saint-Médard de Soissons la pénitence qu'on lui imposa.

Il revint de Soissons à Saint-Denis, où il fut traité d'athée par les moines, parce qu'il avait eu l'imprudence de leur démontrer que le fondateur de leur abbaye n'avait rien de commun avec saint Denis l'aréopagite, ce à quoi ils tenaient beaucoup. Abeilard fut dénoncé au roi comme un sujet dangereux. Heureusement pour lui, Suger, devenu abbé de Saint-Denis, apporta de la modération dans cette affaire, et le coupable eut la faculté d'aller vivre où bon lui semblerait. Il se réfugia dans un endroit désert près de Nogent-sur-Seine, sur les bords d'une petite rivière nommée l'Ardusson. Une petite chaumière faite de boue et de roseaux lui servait d'oratoire. Sa retraite fut bientôt découverte ; des disciples accoururent en foule et se bâtirent des cabanes à côté de la sienne. Cette pieuse colonie fut baptisée par ses fondateurs du nom de *Paraclet* ou *Consolateur*.

Le nouvel enseignement du maître sur la Trinité allait lui attirer de nouvelles persécutions. L'école du Paraclet était aussi devenue trop étroite. On porte à *trois mille* le nombre des auditeurs d'Abeilard. C'est au milieu d'eux qu'il était revenu à Paris, où il enseignait de nouveau en 1136. Quelle puissance cet homme a acquise ! Ses adversaires se plaignent « que ses livres passent les mers et traversent les Alpes ; que ses dogmes se répandent au loin dans toutes les provinces, qu'on les publie, qu'on les enseigne, qu'on les soutient librement ; que sa théologie est bien reçue même de la cour de Rome. » Cet homme est un géant, un Goliath, de la chute duquel dépend le salut de l'Eglise; on le dit, on le proclame. Il est à lui seul une trinité d'hérétiques : sur la Trinité, c'est Arius ; sur la grâce, c'est Pélage; sur la personne de Jésus-Christ, c'est Nestorius.

L'orage éclate en 1140. Saint Bernard qui, suivant la juste expression d'un écrivain, « faisait, sous la bure, la police des trônes et des sanctuaires, » écrit en ces termes au pape Innocent II : « La peste la plus » dangereuse, une inimitié domestique a éclaté dans » le sein de l'Eglise ; une nouvelle foi se forge en » France. Le maître Pierre et Arnauld de Brescia se » sont ligués et conspirent contre le Seigneur et son » Christ. Ces deux serpents rapprochent leurs écailles ; » ils corrompent la foi des simples ; ils troublent l'or- » dre des mœurs... L'un était le lion rugissant, et l'au- » tre est le dragon qui guette sa proie dans les ténè- » bres ; mais le pape écrasera le lion et le dragon... » Père bien-aimé, n'éloigne pas de l'Eglise ton bras » secourable, songe à la défense et ceins ton glaive... »

En même temps une autre dénonciation était adressée aux cardinaux et évêques de Rome. Quel catalogue ! cet *Aboilard* aboie en effet contre le ciel. Ce persécuteur de la foi, moine au dehors, hérétique au dedans, est l'hydre nouvelle qui, pour une tête coupée à Soissons, en repousse sept autres. C'est un nouveau Phaéton, un autre Prométhée, un Antée à la force d'un géant. C'est le vase d'Ezéchiel qui bout allumé par l'aquilon. Si on n'y prend garde, une des sept plaies d'Egypte menace la France; elle va être ravagée par les grenouilles parlantes.

Partout s'élève l'anathème contre le maître de la Montagne-Sainte-Geneviève. Gérard d'Auvergne le traite de *négromant* et de *familier du démon*.

Le concile de Sens était sur le point de s'ouvrir. Abeilard allait s'y trouver en face de saint Bernard. Le roi lui-même, Louis VII, devait ajouter par sa présence à la solennité du débat. Au jour marqué, saint Bernard, prenant le rôle d'accusateur, monta en chaire, armé de dix-sept propositions extraites des livres d'Abeilard, selon lui empreintes d'hérésie. Abeilard l'interrompant, déclara qu'il ne reconnaissait d'autre juge que le souverain pontife et sortit.

Il partit pour Rome ; mais déjà Innocent II avait prononcé le jugement demandé par les prélats du concile de Sens. Bien plus, il les avait chargés d'arrêter Abeilard et Arnauld de Brescia et de les enfermer séparément chacun dans un monastère.

Pierre Bérenger a laissé une apologie de son maître et ami, Abeilard ; elle est en même temps une violente satire des juges convoqués au concile de Sens. Voici la traduction exacte du passage où il peint l'intérieur du saint tribunal : « Après le dîner, le livre de Pierre est apporté, et l'on ordonne à quelqu'un de faire à haute voix lecture de ses écrits. Mais le lecteur, animé par la haine, arrosé par le fruit de la vigne, non pas de cette vigne dont il est dit : *Je suis la vigne véritable*, mais de celle dont le jus couche le patriarche tout nu sur le sol, se met à crier plus fort qu'on ne lui demandait. Après quelques mots, vous eussiez vu les graves pontifes se moquer de lui, battre des pieds, rire, jouer, comme gens qui accomplissent leurs vœux, non au Christ, mais à Bacchus ; en même temps, on salue les coupes, on célèbre les pots, on loue les vins ; les saints gosiers s'arrosent. Puis, quand arrive jusqu'à eux le son de quelque passage subtil et divin auquel les oreilles pontificales ne sont pas habituées, l'auditoire se dégrise dans son cœur ; ce ne sont plus que grincements de dents contre Pierre, et ces juges aux yeux de taupe pour voir clair en philosophie s'écrient : Quoi ! nous laisserions vivre un pareil monstre ! — Et, remuant la tête comme des Juifs : Ah ! disent-ils, voilà celui qui renverse le temple de Dieu. — Ainsi des aveugles jugent des paroles de lumière ; ainsi des hommes ivres condamnent un homme sobre ; ainsi de vrais pots pleins de vin prononcent contre l'organe de la Trinité. . Que faire, ô mon âme ? à qui recourir ?...

as-tu oublié les préceptes des rhéteurs, et, maîtrisée par la douleur, gagnée par les larmes, perds-tu le fil de ton discours ? Crois-tu que le Fils de l'homme, quand il viendra, trouvera la foi sur la terre ? Les renards ont leurs terriers, les oiseaux du ciel ont leurs nids, mais Pierre n'a pas où reposer sa tête... »

Pierre le Vénérable, abbé de Cluny, offrit un asile à Abeilard dans son abbaye, et, dès lors, le maître renonça à enseigner.

Ainsi finit cet homme illustre à qui l'Eglise devait un pape, dix cardinaux et plus de cinquante évêques.

Abeilard mort, Arnaud de Brescia restait debout ; après Arnaud, les Vaudois ; bientôt après, Jérôme de Prague et Jean Huss, et encore après, Luther !

Une semence vivace avait germé sous le souffle d'Abeilard. Des hommes éminents sortirent de son école, entre autres Pierre Lombard, évêque de Paris ; Guy du Chastel, devenu pape plus tard sous le nom de Célestin II ; Pierre de Poitiers, Adam du Petit-Pont, Pierre Hélie, Bernard de Chartres, Robert Folioth, Menervius, Raoul de Chalons, Geoffroi d'Auxerre et Gilbert de la Porée. Parlons des plus remarquables, Jean de Salisbury, Arnaud de Brescia et Bérenger.

Bérenger, qui avait des doctrines à lui sur l'Eucharistie, fut mandé devant plusieurs conciles. Il pensa être tué à celui de Poitiers. Nous rapporterons à ce sujet une anecdote peu connue et qui mérite de ne pas être oubliée. Bérenger se trouvait en présence des prélats convoqués pour le juger et répondait avec une fermeté pleine de calme aux questions qui lui étaient adressées. On dit qu'un évêque, doué d'une force extraordinaire, irrité de ce sang froid, saisit un trépied chargé de cierges qui se trouvait devant lui et le lança vers Bérenger ; celui-ci, baissant la tête, laissa passer le projectile qui alla frapper, derrière lui, une sorte de fresque représentant la communion de saint Jérôme. Une partie de la peinture, s'écaillant sous le coup, reste défigurée. Alors Bérenger, se redressant, dit aux prélats d'une voix solennelle : « *Et vos judicamini, qui judicatis terram !* » A ces mots, la plupart des juges quittent la salle, saisis d'une terreur superstitieuse.

Revenons à l'école de la Montagne-Sainte Geneviève.

De tous ces écoliers couchés ou accoudés sur la terre, le plus assidu, celui qui est le plus proche du maître, et, pour ainsi dire à ses pieds, selon les chroniques du temps, est un jeune étranger qui recueille avec avidité toute parole sortant de sa bouche. Il se nomme Jean-Petit, de Salisbury. Il est venu du fond de l'Angleterre pour entendre Abeilard, et les écrits qu'il nous a laissés, la fameuse chronique des écoles de ce temps, que nous connaissons grâce à lui, témoignent de son enthousiasme. Il est jeune, et déjà mille aventures ont traversé sa vie comme elles traversent la vie de tout homme prédestiné. Sans fortune, il n'a autour de lui ni parents ni protecteurs ; il se trouve obligé de devenir répétiteur pour vivre. Adam du Petit-Pont, un des célèbres professeurs de cette époque, admire cette ardeur que la pauvreté ne fait qu'accroître ; il s'intéresse à lui, et, dans des conférences intimes, il lui ouvre le trésor de ses connaissances. En attendant, l'indigence le poursuivant toujours, Jean va chercher un asile contre la faim à l'abbaye de Moutier-la-Celle, dans le diocèse de Troyes. On l'y reçoit en qualité de clerc.

Quelle vie tourmentée que celle de Jean de Salisbury ! Dans son *Métalogique*, écrit vers 1160, il nous apprend qu'il avait déjà passé dix fois les Alpes, qu'il était allé deux fois dans la Pouille, qu'il avait traité plusieurs affaires à Rome pour ses maîtres et pour ses amis ; qu'il avait fait souvent, pour différentes causes, le tour de l'Angleterre et même de la France. Dans un de ses voyages en Italie, il avait été remarqué du pontife Adrien IV. Adrien était Anglais comme lui, et comme lui il avait longtemps vécu dans les angoisses du besoin. Devenu prince de l'Eglise, il distingua Jean de Salisbury à cause de l'étrangeté même de sa vie et l'admit dans sa plus intime familiarité. Le favori ne perdît rien de la dignité et de la franchise qui caractérisaient son caractère.

— Que pense-t-on de moi et de l'Eglise romaine? lui demanda un jour Adrien IV....

— Rien de bien favorable, répondit Jean. On accuse, par exemple, l'Eglise romaine, mère de toutes les églises, de n'être qu'une marâtre. Des scribes et des pharisiens en occupent les premières places et écrasent de charges le troupeau qu'ils devaient conduire, ils amassent des richesses ; l'or et l'argent couvrent leur table, et ils n'en sont pas plus prodigues envers les malheureux. Les églises sont en proie à leurs concussions ; ils font naître des procès ; ils brouillent le clergé et le peuple ; sans pitié pour tout ce qui souffre, contents des dépouilles qu'ils ont ravies, s'enrichir est toute leur religion : la justice, ils ne la rendent pas, ils la vendent ; tout est à prix aujourd'hui ; demain encore vous n'aurez rien sans le payer : comme les démons, ils passent pour faire du bien s'ils ne nuisent pas ; il en est bien peu qui soient de vrais pasteurs. Le pape est blâmé lui-même ; on peut à peine le supporter : on lui reproche d'élever des palais, tandis que les églises fondées par la piété de nos pères tombent en ruine, de laisser les autels sans ornements, tandis qu'il marche couvert de pourpre et d'or... Voilà ce que dit le peuple, puisque vous m'ordonnez de dire ce qu'il pense...

— Et vous-même, reprit le pape, qu'en pensez-vous ?...

— Ma position est difficile, répliqua Jean de Salisbury ; je suis placé entre la crainte d'être accusé de flatterie et de mensonge si je m'oppose seul à la voix publique, et, dans le cas contraire, d'être accusé de lèse-majesté et d'avoir comme mérité d'en être puni. Néanmoins, puisque le pape Clément rend témoignage de l'opinion du peuple, je n'oserai le contredire. Avarice et hypocrisie, voilà, selon lui, la source et la racine de tous les maux de l'Eglise romaine : et ce n'est pas en secret qu'il l'affirme, il l'a déclaré publiquement dans cette assemblée de cardinaux qu'a présidée le pape Eugène... Loin d'être dans la route, mon père, vous êtes hors de tout chemin.

Jean de Salisbury, qui a raconté lui-même cette conversation, ajoute que le pape en rit beaucoup, le remercia de sa franchise, et lui ordonna de l'instruire toujours sans retard de ce qu'il entendrait dire de défavorable sur son compte. Nous l'avons trouvée dans le *Polycratique*, ouvrage où l'auteur, entre autre choses, soutient la doctrine condamnable du tyrannicide. Une épître en vers précède ce livre ; elle est adressée au livre lui-même. Jean de Salisbury ne dissimule pas à son œuvre tous les risques qu'elle va courir, toutes les censures et les condamnations qui l'attendent, car on ne manquera pas de le présenter comme coupable d'un attentat de lèse-majesté, pour avoir attaqué les vices des cours.

L'indépendance de caractère et un courage à toute épreuve conduisirent Jean de Salisbury à l'évêché de Chartres, dans un temps où l'on choisissait de préférence les évêques parmi les hommes d'épée, mais où les intrigues de l'ambition étaient plus puissantes que le mérite. Jean de Salisbury fut une éclatante exception. Simple écolier, il se plaça de lui-même, malgré les entraves de la misère, au premier rang de cette période, en prêchant ce qu'il croyait être la vérité, lui, simple écolier, à des prélats, à des souverains, au chef suprême de l'Eglise. Que dire d'un homme du XII° siècle qui, accablé d'accusations, répondait à ses ennemis : « Ma foi dans la liberté, mon amour de la vérité, voilà mes crimes ! »

Celui des disciples d'Abeilard dont le nom a eu le plus de retentissement à cette époque est, sans contredit, Arnaud de Brescia.

De retour en Italie, après avoir étudié à Paris, Arnaud attaqua la conduite et les mœurs du clergé qui, selon lui, faisait un mauvais usage de ses vastes propriétés. « Il n'y a point, disait-il, de salut à espérer pour les ecclésiastiques qui ont des biens en propriété, pour les évêques qui possèdent des seigneuries ni pour les moines qui ont des immeubles ; toutes ces choses appartiennent aux princes, et l'usage n'en doit être accordé qu'aux laïques. » Excité par ces paroles, le peuple prit part à la querelle et se révolta contre l'évêque de Brescia.

Arnaud alla plus loin ; il attaqua le despotisme du gouvernement papal et proclama le libre arbitre : c'est pourquoi, sans doute, Baronius l'appelle le *Patriarche des hérétiques politiques*.

Condamné en 1139 par le concile de Latran, il se réfugia à Zurich, d'où il entretenait, dit-on, une correspondance avec Abeilard. Il conservait en même temps des intelligences à Rome avec un parti puissant qui attaqua par deux fois, les armes à la main, les prérogatives du pape. Arnaud rentra dans la capitale de la chrétienté pendant l'absence du pontife Eugène III et se mit lui-même à la tête de la sédition. L'interdit fut jeté sur la ville de Rome, et les habitants effrayés chassèrent de leurs murs Arnaud et ses partisans. L'intrépide prophète, — car on le regardait comme prophète, — loin de se laisser abattre, se dirigea vers la Toscane, où il continua ses prédications. Le pape obtint qu'on s'emparât de sa personne et le fit condamner au supplice. Arnaud mourut crucifié, son corps fut brûlé et ses cendres jetées dans le Tibre (1155).

Saint Bernard, parlant d'Arnaud de Brescia, dit : « Il serait à souhaiter que sa doctrine fût aussi saine que sa vie. Si vous connaissiez cet homme ! Il ne mange ni ne boit ; comme le diable, il n'a soif que du sang des âmes. »

Arnaud, que saint Bernard appelle encore le *lieutenant* d'Abeilard, est évidemment le précurseur du protestantisme.

II.

TREIZIÈME SIÈCLE. — Privilèges accordés aux étudiants par Philippe-Auguste. — Querelles entre les écoliers et les moines de Saint-Germain. — Rixes avec les bourgeois. — Suspension des cours de l'université. — Mœurs des étudiants de cette époque. — Leur pauvreté.

Les premiers privilèges de l'université sont contenus dans un diplôme de Philippe-Auguste, de l'an 1200, où, pour la première fois, il est question du *recteur* ou chef de cette compagnie, à laquelle les papes donnaient le titre de *Universum* ou *Generale studium parisiense*, d'où lui est venu le nom d'UNIVERSITÉ. Innocent III, pape depuis 1198 jusqu'en 1216, est le premier qui, dans une décrétale, ait donné le titre d'université à l'Ecole de Paris, et Rigord, historien de Philippe-Auguste, parle de cette école sous le même nom. Les privilèges accordés au recteur sont incroyables pour ce temps. Outre qu'il « ne pouvait être soumis pour aucun forfait à la justice royale, » le recteur donnait les pouvoirs aux prédicateurs ; sa signature intervenait dans les actes publics et même dans les traités. L'université députait aux conciles ; elle ne contribuait pas plus que ses membres à aucune charge de l'Etat. « Enfin, dit le président Hénault, la science semblait un tel prodige dans ces temps d'ignorance, que l'on croyait ne pouvoir trop faire pour un corps qui en était dépositaire. »

Les écoliers ou *clercs* — ce nom s'appliquait aux ecclésiastiques et même aux étudiants — jouirent aussi d'une pareille inviolabilité. Voici par quelle suite de faits des privilèges leur furent conférés :

A l'ouest et au nord de l'abbaye et du bourg de Saint-Germain étaient de vastes prairies qui s'étendaient depuis ce bourg jusqu'à la rivière de Seine, et, pour nous servir d'une désignation moderne, depuis la rue des Saints-Pères jusqu'à l'esplanade des Invalides. Les écoliers avaient la coutume de venir se promener en

Abeilard.

toute liberté sur ce terrain qui en reçut, comme consécration, le nom de *Pré aux Clercs*. En 1163, une grande discussion s'était élevée entre les moines de Saint-Germain et les écoliers au sujet de ce pré. Soumise au jugement du concile de Tours, où se trouvaient dix-sept cardinaux et cent vingt-quatre évêques, elle y occasionna de longs débats. Les clercs y furent condamnés à un *éternel silence*. En 1192, les écoliers, qui continuaient à regarder ce pré comme leur propriété, y commirent divers excès. Les habitants du bourg de Saint-Germain voulurent les repousser; un écolier y perdit la vie, d'autres furent blessés. Cette querelle sanglante en fit naître une autre entre les écoles et l'abbaye de Saint-Germain. Les deux partis invoquèrent l'autorité du pape. Déjà, en 1150, le pape Alexandre III avait chargé le cardinal de Saint-Chrysogone et les archevêques de Reims et de Sens de faire des règlements pour les écoles de Paris; mais c'était plutôt pour gratifier les étudiants que pour réprimer leurs écarts. Le pape Célestin III ordonna, par une décrétale de 1194, qu'aucun des clercs ne fût traduit devant les tribunaux séculiers, et que leurs causes pécuniaires fussent décidées suivant le droit canon. Enfin, aux termes d'un règlement de 1215, la propriété du Pré aux Clercs, ou du moins la faculté d'en jouir en s'y promenant, est définitivement adjugée aux écoliers.

Philippe-Auguste avait stipulé dans son diplôme de 1200, « que les maîtres et écoliers de l'université étaient sous la responsabilité des bourgeois de Paris; que tout agresseur des suppôts de l'université serait à l'instant livré à la justice royale; qu'aucun membre de l'université ne pouvait jamais être jugé par les tribunaux laïques ; qu'enfin tous les prévôts de Paris jureraient de faire observer ces priviléges et de les observer euxmêmes. »

Une grande division éclata tout à coup entre les étudiants et les bourgeois. En voici l'origine :

Un gentilhomme allemand nommé Henri de Jac, l'un des trois compétiteurs qui venaient d'être élus à l'évêché de Liége après le dernier évêque, Albert de Cuick, mort en 1200, étudiait alors à Paris. Un de ses serviteurs alla au cabaret pour acheter du vin et y fut maltraité. Les écoliers allemands prirent fait et cause pour leur compatriote, et frappèrent si rudement le marchand qu'ils le laissèrent à demi mort. Il s'ensuivit une grande clameur dans la ville. Le prévôt de Paris, nommé Thomas, s'en émut ; il arriva suivi d'une foule de peuple armée qui assiégea les écoliers jusque dans leur logis, et, dans ce combat, le gentilhomme allemand et cinq de ses camarades furent tués. Les maîtres des écoles de Paris en allèrent aussitôt porter leurs plaintes à Philippe-Auguste, qui, après avoir ordonné l'arrestation du prévôt et de ses acolytes, fit abattre leurs maisons, arracher leurs vignes et leurs arbres fruitiers. Le prévôt Thomas, condamné à un an de prison, eut la faculté de prouver publiquement son innocence par l'*épreuve de l'eau*, avec cette étrange condition que si la culpabilité résultait de cette épreuve, il serait puni ; et que, s'il arrivait, au contraire, qu'il

Ecole rue du Fouarre.

fût trouvé innocent, il serait déclaré incapable de remplir les fonctions de prévôt de Paris et de bailli dans tout autre lieu du royaume. A cette occasion, le roi rendit une ordonnance par laquelle il est dit que les habitants de Paris qui seront témoins d'une insulte faite à un écolier, devront en rendre témoignage ; que ces habitants, lorsqu'ils verront un écolier frappé avec des armes, des bâtons ou des pierres, seront tenus d'arrêter l'agresseur et de le livrer à la justice. Si l'agresseur n'est pas pris en flagrant délit, on informera contre lui ; et si, par l'enquête, il est trouvé coupable, quand même il nierait le fait, et offrirait de se purger par le *duel* ou par le *jugement de l'eau*, les officiers du roi en feront aussitôt justice. *Il est défendu au prévôt du roi et à son officier de mettre la main sur un écolier et de le conduire en prison. Si, par la gravité de son délit, il mérite d'être arrêté, il ne pourra l'être que par la justice du roi. Elle l'arrêtera sur le lieu, sans le frapper, à moins qu'il ne fasse résistance, et elle le remettra à la justice ecclésiastique. — En aucun cas, on ne peut arrêter un écolier hors du flagrant délit. — Les serviteurs des écoliers jouiront des mêmes priviléges.* (Ordonnances du Louvre, t. Ier.)

L'université était alors pour la monarchie une source principale de grandeur et de prospérité, et c'était la crainte de voir déserter les écoles de Paris par les maîtres et leurs auditeurs qui avait dicté à Philippe-Auguste cette ordonnance exorbitante dans les priviléges qu'elle consacre. « Et afin qu'elle soit mieux gardée, » le prévôt et le peuple de Paris jureront de l'observer littéralement, en présence des écoliers ; et à » l'avenir tout prévôt entrant en charge la jurera de » même publiquement dans une des églises de Paris, » le premier ou second dimanche après son installa-» tion. »

Cette ordonnance est la plus ancienne de celles qui exemptent les écoliers de la justice séculière. Saint Louis la confirma depuis, et commit à l'official de Paris toutes les causes, même criminelles, des écoliers de l'université.

Un auteur anglais, contemporain de Philippe-Auguste, dit que les écoliers supplièrent le roi d'apporter quelque adoucissement à sa sentence contre le prévôt de Paris, demandant seulement que lui et ses complices fussent châtiés publiquement dans leurs écoles à la manière des écoliers, puis renvoyés en paix, et qu'on leur restituât leurs biens. Le roi rejeta leur requête ! Quelque temps après, le prévôt tenta s'évader de sa prison à l'aide d'une corde, mais la corde s'étant rompue, il tomba de si haut qu'on ne releva plus qu'un cadavre.

Les étudiants, forts de la protection du roi et souvent assurés de l'impunité, s'adonnaient à toutes leurs fantaisies. Un écrivain du temps les représente comme se livrant au plaisir plutôt qu'à l'étude : « Ils préfè-» rent quêter de l'argent plutôt que de chercher l'ins-» truction dans les livres ; ils aiment mieux contempler » les beautés des jeunes filles que les beautés de Cicé-» ron... ; toute science est avilie ; l'instruction languit, » on n'ouvre plus les livres. » L'abbé Lebœuf, au contraire, cite une lettre où les témoignages d'estime sont prodigués aux étudiants de Paris qui, au dire d'un témoin, aiment mieux être dans les écoles que dans les foires, lire les livres que de vider les verres, et qui préféraient la science à l'argent. Il est probable que ces écoliers studieux étaient en petit nombre.

L'enseignement fut soumis à des règles fixes. Depuis longtemps l'ensemble des sciences avait été réduit à deux degrés : le *trivium*, comprenant la grammaire, la rhétorique, la dialectique, et le *quadrivium*, qui réunissait l'arithmétique, la géométrie, l'astronomie et la musique ; en tout, sept arts dits *libéraux* que Jean de Hauteville appelait *clergie* (science des clercs).

Celui qui, comme Abeilard, possédait le petit et le grand degré, passait pour le savant le plus consommé. Depuis les fameuses disputes du grand professeur avec saint Bernard et Gilbert de la Porée, toutes les intelligences s'appliquaient à la scolastique, c'est-à-dire à la théologie adaptée aux formules de la logique d'Aristote.

Vers 1215, l'université reçut ses premiers statuts des mains de Robert de Courçon, autrement dit le cardinal de Saint-Étienne, légat du saint-siége. Les quatre facultés commençaient à se distinguer parfaitement par leurs objets. Le *Livre des sentences* de Pierre Lombard, publié vers le milieu du XIIe siècle, avait donné un corps à la théologie. Les Pandectes de Justinien, trouvées dans Amalfi en 1133, le décret de Gratien, publié en 1151, défrayèrent la mémoire des jurisconsultes et des canonistes. Ce fut aussi vers la fin de ce siècle que la médecine, empruntée des Arabes, commença d'être enseignée ; enfin les livres de physique et de métaphysique d'Aristote, apportés de Constantinople à Paris, vers l'an 1167, occupèrent la faculté des arts ; et de la réunion de ces quatre branches principales se forma *l'université des études* qu'on enseignait à tous (*Universa universis*). Toutefois, il ne faut pas s'exagérer l'importance de ces études. La dialectique servait à embrouiller les idées les plus simples et se bornait souvent à des subtilités de rhétorique. Le pape Grégoire IX, dans une bulle fulminante adressée aux théologiens de Paris, leur reprocha d'altérer la pureté de la foi par le mélange de la philo-ophie d'Aristote. L'arithmétique était l'art de calculer sur des *abaques* ou *tablettes couvertes de poussière*, avec des fiches ou jetons. La musique n'était que du plain-chant accompagné de quelques instruments à cordes, tels que des harpes et des violons carrés. Il n'y avait aucune leçon de langue étrangère, ni d'histoire, ni de géographie. Seulement, on voyait sur de grandes peaux de mouton, préparées par les mégissiers et attachées aux murailles dans les écoles, des espèces d'arbres chronologiques grossièrement tracés. Un poëte du temps se plaint de la décadence des écoles de Paris et l'attribue aux évêques et au clergé, qui, au lieu d'encourager, de stimuler les étudiants en leur donnant quelques bénéfices, préféraient en gratifier leurs parents et leurs amis, qui *deviennent*, ajoute-t-il, *chanoines avant de savoir lire*. De son côté, Jean de Hauteville fait une peinture incroyable de la misère des écoliers, et surtout de la brutalité des maîtres à l'égard des plus pauvres. — Robert de Courçon, chargé de réformer l'université, ne se contenta point des premiers reglements qu'elle s'était imposés à elle-même ; il établit que les leçons de théologie se donneraient hors des ponts ou de l'île Notre-Dame, comme dans l'île ; que nul ne serait réputé écolier, s'il n'avait pas un maître fixe. Les longs festins et le luxe furent prohibés. Enfin, le maître ès-arts enseignant devait porter une chape ronde, noire et tombant jusqu'aux talons ; le manteau était permis, mais les souliers à becs recourbés étaient interdits. Tout, jusqu'à l'ordre des leçons et des thèses, fut prévu. Quant aux professeurs des arts, grammaire et philosophie, ils ne pouvaient exercer qu'après avoir subi les examens approuvés par l'évêque et avec licence du chancelier de son église, ou *maître des écoles* : ce fut l'origine des grades universitaires. La *licence*

ne pouvait se refuser à celui qui avait été reçu bachelier, grade intermédiaire entre la qualité de maître et celle d'écolier.

Le pape Honoré III avait défendu d'excommunier l'université et ses membres sans une permission expresse du saint-siége, et Innocent III avait donné pouvoir à l'abbé de Saint-Victor d'absoudre les écoliers des censures qu'ils encouraient en se battant entre eux, car on était excommunié pour avoir frappé un clerc. Il fallait donc les dispenser de l'obligation d'aller à Rome se faire relever de l'excommunication qu'ils s'attiraient mutuellement dans leurs querelles et leurs batailles à coups de poing, de pierre ou de bâton. Ces priviléges ne firent que multiplier les délits. En 1218, l'official de Paris défendit le port d'armes à tout clerc ou écolier, sous peine d'excommunication. Tout le monde se plaignait de la conduite immorale des écoliers, qui entraient à main armée chez les bourgeois et y enlevaient les femmes et les filles. Ces plaintes sont attestées par le cardinal Jacques de Vitry, qui ajoute que, dans une même maison, étaient au premier étage des écoles, et en bas des lieux de débauche. Non-seulement les mœurs publiques, mais encore les règlements de police étaient violés par ces audacieux qui se croyaient tout permis à la faveur de leurs exemptions.

En 1223, dit un historien, il s'éleva, entre les habitants et les écoliers, une querelle violente. *Trois cent vingt clercs (ou étudiants) furent tués et jetés à la Seine.* Des professeurs se rendirent auprès du pape, pour se plaindre d'une persécution si cruelle ; quelques-uns se retirèrent avec leurs écoliers hors de la capitale...

L'université s'étant donné un sceau en 1225, le chapitre de Notre-Dame s'y opposa, et le légat cardinal de Saint-Ange le brisa. Aussitôt, les écoliers s'armèrent et allèrent attaquer le légat dans sa maison, où ils l'auraient tué, sans le secours que le roi lui envoya pour le défendre. Le légat, en quittant Paris, lança son excommunication contre tous les écoliers.

Au carnaval de 1229, une bande d'écoliers se rend chez un cabaretier du bourg Saint-Marcel, alors hors des murs. Après avoir joué, bu et mangé, les jeunes gens engagent une querelle quand il s'agit de payer. Ils battent le cabaretier et sa femme. Les voisins arrivent à leur secours et mettent en fuite les écoliers, dont plusieurs sont battus et même blessés Mais, le lendemain, ils reviennent en plus grand nombre, forcent la maison, brisent les meubles, répandent le vin, puis, courant par les rues, frappent et blessent plusieurs des personnes qu'ils rencontrent. Le prévôt de Paris, averti, vient avec ses archers, quelques jours après le délit, pour arrêter les coupables, et, rencontrant des écoliers qui jouaient paisiblement, il fait porter aux innocents la peine due aux coupables. Il fond sur eux avec ses soldats ; les écoliers résistent, plusieurs d'entre eux sont blessés ; deux gentilshommes flamands sont tués, tandis que c'étaient des Picards qui avaient causé la scène du cabaret.

Les maîtres demandèrent réparation et ne l'obtinrent point Alors les écoles furent suspendues ; professeurs et écoliers sortirent de Paris et se dispersèrent en différentes villes : Reims, Toulouse, Montpellier, déjà célèbre par sa faculté de médecine ; Orléans et Angers reçurent ces émigrants, qui y jetèrent les fondements de nouvelles universités.

La suspension des cours de Paris dura deux ans. Les dominicains et les franciscains s'offraient pour remplacer l'université, et elle eût été perdue si Grégoire IX n'eût écrit en sa faveur à la reine Blanche. Elle espéra dompter les réfractaires en faisant prêter serment aux étudiants et professeurs, ainsi qu'aux bourgeois, de vivre en paix entre eux, et de *dénoncer secrètement* les fauteurs de desordres. Ce serment ne fut point tenu L'université fut rétablie en 1231 ; mais comme les religieux mendiants qui s'étaient glissés dans son sein, ouvraient des écoles sans *licence*, cet abus fit jeter les hauts cris de part et d'autre, et engendra une lutte. Les moines tenaient bon et les écoliers perdirent patience.

1251 les revit aux prises avec les bourgeois.

Pendant le carême de 1252, quatre écoliers clercs et un laïque, leur serviteur, surpris sans doute en flagrant délit, furent, pendant la nuit, arrêtés dans les rues de Paris par les archers du prévôt. Ils furent dépouillés, battus et mis en prison : un d'eux y perdit la vie. Le lendemain, on fit relâcher les prisonniers. L'université ne fut point satisfaite : elle demanda une plus ample réparation et fit fermer les écoles pendant sept semaines, jusqu'à ce qu'Alphonse, frère de Louis IX, eût fait condamner deux des coupables à la potence et les autres au bannissement.

Cette affaire fut suivie d'une autre plus grave, qui s'éleva entre les écoles et les jacobins. Le pape Alexandre IV s'en mêla, suspendit tous les membres de l'université de leurs fonctions et lança, en faveur des moines mendiants, plus de quarante bulles. Ceux-ci, non contents d'être soutenus par le Vatican, se liguèrent contre l'université et tentèrent de la renverser par la violence et la perfidie. Guillaume de Saint-Amour, esprit distingué, caractère inébranlable, soutint sa cause en face du pontife. Il démasqua l'hypocrisie des ordres mendiants dans un livre intitulé : *Périls des derniers temps*, qui fut condamné et brûlé par ordre du pape. En vain on chercha à l'écraser sous les calomnies. Le pape lui-même écrivit à saint Louis de le bannir de son royaume. Le roi n'en fit rien et Guillaume tint bon. L'université, sous le coup de l'excommunication prononcée contre elle, n'en continua pas moins son enseignement. Le saint-père fut donc réduit à exiger par serment, de Guillaume, qui était à Rome, de ne pas retourner en France. Il obéit en se retirant à Saint-Amour ; mais, après la mort du pape, il retourna à Paris, où il fut couvert d'applaudissements. Cette querelle avait duré huit ans, de 1252 à 1260.

Un règlement que fit à Paris, au mois de décembre 1276, Simon de Brie, légat du saint-siège, porte que les écoliers, au lieu de célébrer les fêtes de l'Eglise par des exercices de piété, s'adonnaient aux excès du vin et à toutes sortes de dissolutions ; qu'ils prenaient les armes, et couraient par troupes dans les rues de la ville pendant la nuit, troublaient le repos des habitants, et s'exposaient eux-mêmes à tous les dangers. Il ajoute qu'il se trouvait des écoliers qui poussaient l'impiété jusqu'à jouer aux dés sur les autels, en blasphémant le nom de Dieu.

Jacques de Vitry, qui avait été écolier lui-même, achève le tableau en peignant les mœurs des étudiants de chaque nation qui abondaient à Paris : « Peu s'instruisent à cause de la diversité de leurs opinions et de leurs pays ; ils ne cessent de se quereller... Les *Anglais* sont ivrognes et poltrons ; les *Français*, fiers, mous et efféminés ; les *Allemands*, furibonds et obscènes dans leurs propos de table ; les *Normands*, vains et orgueilleux ; les *Poitevins*, traîtres et avares ; les *Bourguignons*, des brutaux et des sots ; les *Bretons*, légers, inconstants ; les *Lombards*, avares, méchants et lâches ; les *Romains*, séditieux, violents et se rongeant les mains de colère ; les *Siciliens*, tyrans et cruels ; les *Brabançons*, hommes de sang, incendiaires, routiers et voleurs ; quant aux *Flamands*, ils sont prodigues, aiment le luxe, la bonne chère et la débauche, et ont des mœurs très-relâchées. »

La querelle entre les écoliers et les religieux de Saint-Germain-des-Prés prit de plus vastes proportions vers 1278. Les moines de l'abbaye avaient fait bâtir des murs sur le chemin qui menait au *Pré aux Clercs* et avaient empiété par là sur son terrain. Les écoliers trouvèrent que la construction de ces murailles rétrécissait leur chemin ordinaire et nuisait à leur promenade ; ils les démolirent. L'abbé Gérard de Moret, irrité de leur audace, profite de leur présence, le vendredi 12 mai, et fait sonner le tocsin. Les domestiques de l'abbaye, ainsi que tous les habitants du bourg de Saint-Germain, s'assemblent, prennent les armes et,

tombent sur les démolisseurs. L'abbé et les moines les excitaient à la vengeance en criant : *Tue! tue!* — Ils chargent les écoliers à grands coups, en prennent plusieurs qu'ils conduisent dans les prisons de l'abbaye, et en blessent d'autres si grièvement que deux en moururent. Les plus maltraités furent Gérard de Dole, bachelier ès arts, blessé mortellement à la tête, trépané, et de plus jeté en prison ; Jourdain, fils de Pierre le Scelleur, aussi blessé à mort à coup de flèches et de bâton ; et Adam de Pontoise, frappé d'une masse de fer avec tant de fureur qu'il en avait perdu un œil.

Dès le lendemain, les écoles furent fermées. Le roi, qui était alors Philippe le-Hardi, en fut mécontent, car il savait que Paris n'était pas tranquille quand les écoliers ne s'occupaient pas de leurs études. Les maîtres recommencèrent donc leurs leçons pour lui obéir. Ils représentèrent qu'un si grand nombre d'écoliers, source de prospérité pour la ville, se retireraient bientôt chacun dans leur patrie, s'ils n'obtenaient protection contre l'injustice. Le roi sentit la justesse de ces raisons, et rendit un prompt jugement. Il condamna l'abbaye à fonder deux chapelles rentées pour le repos de l'âme des deux morts, et à dédommager leurs parents et l'université par des sommes considérables. Le pape, de son côté, punit les moines coupables par l'exil et le jeûne au pain et à l'eau. Le prévôt, par ordre du roi, bannit quelques bourgeois qui avaient pris part avec eux à cette affaire contre les écoliers. L'évêque d'Evreux, Raoul d'Aubusson, ancien élève de l'université, voulut prévenir ces rixes sanglantes en achetant des religieux un espace de terrain pour le passage des écoliers. Il en fit don à l'université, qui le vendit en suite à l'abbaye pour une rente annuelle de quatorze livres *parisis* au profit des pauvres écoliers, et sous la condition expresse de laisser aux étudiants le passage libre et ouvert en tout temps.

Le nombre des jeunes gens qui suivaient les cours de la capitale était prodigieux. Pour qu'on puisse s'en créer une idée, il suffit de dire qu'un jour de procession du recteur, à laquelle les maîtres et les écoliers assistaient, la croix, en tête de l'université marchant sur deux files, entrait dans l'église de Saint-Denis, à deux lieues de Paris, pendant que le recteur attendait, dans l'église des Mathurins, à Paris, qu'il pût marcher quand ces flots d'écoliers seraient écoulés. On comprend combien il était difficile de retenir dans le devoir cette masse de jeunes hommes ; et pour cela, l'université n'avait que des moyens impuissants, des corrections corporelles, la prison, le refus des grades qui faisaient monter aux bénéfices. Cela ne suffisait pas surtout contre la soif d'ambition et de bien-être qui tourmentait ces pauvres étudiants, incités par leur misère d'une part, éblouis de l'autre par la vie opulente et molle de plusieurs membres du clergé. Il y avait bien encore le tribunal du recteur, composé, sous sa présidence, des procureurs représentant chaque nation d'écoliers ; mais que pouvait-il de plus contre tous ces jeunes gens qui comprenaient combien leur existence à Paris était nécessaire à celle de leurs maîtres ?... Car l'instruction n'était pas gratuite, quoique la rétribution en fût très-modique, individuellement, de la part des auditeurs. D'ailleurs, ces élèves, qui étaient presque tous des hommes faits, ne se laissaient pas gouverner aisément par ce tribunal. A ce propos, Vély nous apprend qu'en ce temps on se faisait gloire d'être encore écolier à un âge où l'on eut honte plus tard de ne pas être docteur. De nos jours, un étudiant de *dixième année* commence à paraître un objet de curiosité.

Il fallait pourtant opposer une digue à cette puissance chaque jour plus forte et plus envahissante, et agir selon le principe de saint Louis, qui, aimant mieux prévenir que punir, avait fait fermer le petit Châtelet, au bas de la rue du Petit-Pont, pour arrêter ces écoliers et les empêcher de se répandre dans les autres quartiers de la capitale. Chaque jour les bandes d'étudiants qui descendaient de toutes les parties de la Montagne pour se rendre aux quatre écoles de la faculté des arts, rue du Fouarre, causaient du trouble dans les rues où ils passaient ; chaque jour, c'étaient des luttes avec les passants. Dans une de ces émeutes, le professeur Simon de Messemi fut tué par les bourgeois.

Le roi Philippe-le-Bel condamna les meurtriers à et qui fut employée à la fondation de trois chapelles au Châtelet pour le repos de l'âme du défunt. mille livres d'amende, somme énorme en ce temps-là.

Les Écoles étaient situées rue du Fouarre, ainsi nommée à cause de la paille ou *feurre*, sur laquelle les Écoliers s'asseyaient pendant les leçons; car il leur était défendu, par une bulle, d'avoir des bancs hors des Écoles. Ils logeaient chez des particuliers de la Montagne-Sainte-Geneviève, reconnus par l'université sous le titre de *grands messagers*, chargés de communiquer avec les familles des étudiants, tant dans l'intérieur de la France que dans les pays étrangers, et d'en rapporter tout ce dont ils avaient besoin. Ceux qui venaient prendre dans l'université de l'instruction et des grades payaient à leurs maîtres une taxe ou *bourse*.

La rue du *Fouarre* ou du *Feurre* a été immortalisée dans les œuvres de Dante, dans Pétrarque, Joannes Major, Masson et Rabelais. Pétrarque l'appelle *fragosus straminum vicus*, comme s'il voulait dire une rue où l'on fait trop de bruit en discutant philosophie. Joannes Major et Masson en parlent comme d'un lieu où se faisaient les actes de philosophie. Rabelais ajoute : « et où se faisaient aussi ceux de rhétorique. »

Les statuts du *collége de Justice*, en date de 1358, ordonnent que les boursiers qui, au bout de six ans, ne seront pas capables de soutenir un acte à la rue du Fouarre seront chassés et privés de leur bourse.

C'est au milieu du XIVe siècle que l'université fit mettre des portes aux deux extrémités de la rue du Fouarre. En 1362, le roi Jean donna deux arpents de bois de la forêt de Fontainebleau pour faire ces portes, et en 1535, le parlement ordonna qu'il serait mis deux barrières aux deux bouts de cette rue pour empêcher les charriots de passer pendant les leçons. Les portes avaient pour but d'interdire l'entrée des classes aux écoliers qui venaient la nuit pour s'y divertir avec des ribaudes.

On songea bientôt à mettre un terme à ces excès, et, en même temps, à réfréner les mœurs, en enfermant les écoliers dans de vastes maisons d'étude. Les écoles particulières des cathédrales et des monastères furent abandonnées, et l'on vit s'élever partout à leur place des institutions nouvelles qui prirent le nom de *Colléges*. Déjà, en 1230, Robert Sorbon, chapelain de saint Louis, avait fondé, dans les rues Coupe-Gueule et des Deux-Portes, une maison, dans le but d'y mettre à l'abri du besoin et de la corruption de jeunes clercs. Le roi avait voulu participer à cette fondation. Après avoir acheté le terrain, il la dota de plusieurs bourses ou pensions gratuites, chacune de cinq sols et demi par semaine, au profit de chaque pauvre écolier; ce qui, à raison de 2 fr. 94 c. (valeur du marc d'argent), équivalait à 7 fr. d'aujourd'hui, environ 380 fr. par an.

Cette fondation, appelée plus tard *Sorbonne*, s'honora d'abord du titre de *pauvre maison*, enseignée par de *pauvres maîtres*. Parmi les nombreux colléges qui s'élevaient, les plus célèbres, ou du moins ceux qui le devinrent, étaient le collége d'Harcourt, en 1291, et le collége de Navarre, établi en 1304, sous les auspices de l'épouse de Philippe-le-Bel, Jeanne de Navarre. Mézeray l'appelle *le berceau de la noblesse française et l'honneur de l'université de Paris*. Il ne faut pas assimiler ces colléges à ceux des XVIIe et XVIIIe siècles, car ils ne se composaient que de quelques maîtres, dominant, enseignant, flagellant une poignée de pauvres écoliers subsistant avec 3 ou 4 sols par semaine, souvent obligés de demander l'aumône ou de remplir des fonctions avilissantes dans les églises ou chez des particuliers.

III.

L'enceinte du quartier de l'université de Paris, appelé PAYS LATIN, tracée par Philippe Auguste depuis 1190, comprenait toutes les maisons d'instruction publique. Elle commençait à l'endroit où nous voyons aujourd'hui le pont de la Tournelle et où était alors la porte de ce nom, passait derrière Sainte Geneviève jusqu'à la porte Saint-Jacques, située entre les rues actuelles Saint-Hyacinthe et de l'Estrapade, puis descendant vers la Seine, elle se terminait au collége Mazarin ou des Quatre-Nations, aujourd'hui l'Institut. C'est à la place de cet édifice que l'on voyait autrefois la porte de Nesle et la fameuse tour où, prétend-on, Jeanne de Bourgogne attirait les écoliers pour assouvir avec eux sa passion et les faire jeter ensuite, cousus dans un sac, de la fenêtre de sa chambre dans la Seine.

Cette circonscription était, pour ainsi dire, inviolable, et son territoire sacré. Malheur à celui qui y poursuivait un écolier, même répréhensible ! Les magistrats eux-mêmes auraient été malavisés de s'en mêler, comme on va le voir.

En 1304, un clerc nommé Philippe Barbier, convaincu d'assassinat, ayant été arrêté, jugé et pendu par les ordres du prévôt de Paris, cet acte de justice causa un soulèvement général dans l'université. Le recteur fit aussitôt cesser l'exercice des classes; l'official de Paris vit, dans la punition de ce criminel ecclésiastique, un attentat contre ses droits, et, par une sentence du 7 septembre de cette année, il ordonna, sous peine d'excommunication, à tous les curés de Paris, archiprêtres, chanoines, etc., de se trouver le lendemain à l'église de Saint-Barthélemy. Là, tout le clergé réuni se met en marche, précédé, accompagné des croix, des bannières, des porteurs d'eau bénite : il se dirige vers la maison du prévôt, l'investit, fait pleuvoir sur les portes et sur les fenêtres une grêle de pierres, et profère ces paroles où la fureur le dispute au ridicule : « Retire-toi, retire-toi, maudit Satan, fais » réparation d'honneur à ta mère, la sainte Eglise, » que tu as déshonorée et blessée dans ses priviléges; » puisses-tu, si tu ne répares ton crime, être englouti » tout vivant dans la terre avec Dathan et Abiron ! » Ces imprécations répétées furent suivies d'une formule d'excommunication lancée par l'official et le recteur. Le clergé de Paris demanda enfin la mort du prévôt. Le roi se vit obligé de négocier, et il fut convenu que le prévôt serait dépouillé de sa place; qu'il irait à pied à Avignon pour se faire absoudre de son excommunication; qu'il demanderait solennellement pardon à l'université; qu'il baiserait la bouche de l'écolier pendu; qu'il fonderait deux chapellenies à la nomination de ce corps privilégié, et lui payerait de fortes amendes. A ces conditions, l'université voulut bien consentir à laisser vivre le prévôt et à reprendre ses cours. Les écoles furent rouvertes à la fête de la Toussaint.

Si la monarchie faisait à ce point le bon plaisir de l'université, il faut dire que celle-ci la payait bien de retour. Philippe-le-Bel, dans ses démêlés avec le saint-siège, devint l'auxiliaire de l'université, qui assista aux états généraux de Tours, assemblés en 1308 pour délibérer sur le sort des templiers. Dans ce siècle, elle se fit souveraine en matière religieuse, et osa marcher l'égale de la papauté qu'elle battait en brèche par la hardiesse de ses doctrines.

Un démêlé survint encore entre les étudiants et l'abbé de Saint-Germain, à propos du droit de pêche dans le canal de la petite Seine, qui s'étendait le long du Pré aux Clercs et qui abondait en poisson. Jusque-là les écoliers étaient venus y pêcher. L'abbé envoya des gens contre eux; ils résistèrent, et il s'ensuivit un combat sanglant. L'université porta plainte au pape, tandis que l'abbé demanda justice au roi. L'affaire resta vingt-sept ans pendante; enfin, en 1345, les deux parties s'accordèrent.

A cette époque, l'université avait pour recteur le fameux Buridan, qui échappa, dit-on, aux pièges de la reine Jeanne de Navarre, ce qui est assez peu vraisemblable, attendu qu'en comparant les époques où ils vivaient, Buridan était encore en nourrice à la mort de ladite reine Jeanne. Parlons plutôt de l'âne de ce recteur, qui passera jusqu'à la postérité la plus reculée, et qui eut tant de retentissement dans les écoles du XIVe siècle. Dans ses leçons sur Aristote, Buridan, pour expliquer l'homme s'agitant entre le libre arbitre et l'impulsion qui semblait l'entraîner presque malgré lui vers ses destinées, se servit de la comparaison d'un âne placé à égale distance entre deux picotins d'avoine qui l'attiraient également. Le subtil philosophe demandait: « Que fera cet âne? » Si on lui objectait: Il demeurera immobile: « Donc, répliquait Buridan, il mourra de faim ayant de quoi manger, ce qui n'est pas naturel. » Si on lui objectait que l'âne ne serait pas assez bête pour se laisser mourir de faim, pouvant manger: « Donc, disait le professeur, il a le libre arbitre pour se déterminer entre deux raisons déterminantes. » Buridan concluait au libre arbitre.

Cette charmante figure, passée en proverbe, s'est conservée jusqu'à nous dans toute sa naïveté. Du reste, les écoles poussaient la comparaison jusqu'à l'absurde. On discutait gravement, comme nous l'avons déjà dit si le porc qu'on menait au marché y était traîné par la corde à laquelle il était attaché, ou par la main de l'homme qui tenait la corde. La faculté des arts, qui comprenait les sept arts libéraux, et qu'on nommait *præclara artium facultas*, tenait ses écoles dans la rue du Fouarre. L'université se plaignit, en 1358, au régent Charles V, que cette rue était chaque nuit encombrée d'immondices et d'ordures fétides apportées par des hommes malfaisants; que, de plus, on enfonçait les portes de l'école pour y introduire des filles publiques, des femmes malpropres, qui y passaient la nuit, et souillaient de leurs excréments les lieux où se plaçaient les écoliers, ainsi que la chaire du professeur. Sur cette plainte, le régent ordonna qu'il serait établi deux portes aux deux extrémités de la rue du Fouarre ou du *Feurre*, et que ces portes seraient fermées pendant la nuit. Cette précaution fut adoptée par les habitants de diverses rues, pour se garantir contre les écoliers; d'où viennent les noms de *Deux-Portes*, *Trois-Portes*, etc., donnés à tant de rues.

Un grand procès qui durait depuis deux ans environ entre l'évêque de Paris, Hugues de Besançon, et l'université, se termina en 1331. En voici le sujet: Un étudiant de Paris, Jean le Forbeur, natif de Meaux, avait été mis dans les prisons de l'évêché sous prévention de rapt. L'official lui ayant fait immédiatement son procès, l'avait condamné à 400 livres d'amende qu'il avait payées avant de sortir de prison. Le recteur se plaignit hautement de cette conduite, comme d'un attentat aux privilèges de l'université, prétendant qu'aucun de ses membres ne pouvait être soumis à la justice ordinaire. L'évêque prit le parti de son official. Toute l'université intervint dans la cause et osa même déclarer l'évêque violateur du serment qu'il avait fait, en qualité de docteur en droit, de conserver les droits et les immunités de l'université. L'évêque, se voyant traité de parjure, en appela à Jean XXII, qui délégua

le cardinal Bertrand pour pacifier le différend. Quelque temps après, les cardinaux Annibal et Pierre, ayant reçu plein pouvoir des parties, jugèrent que la somme de 400 livres, résultant de l'amende infligée au coupable, serait distribuée aux pauvres écoliers de Paris. Le pape confirma cette sentence, et révoqua en même temps, à la prière des parties, toutes les procédures qui avaient été faites dans le cours de cette affaire. Il ordonna de plus que les 400 livres seraient partagées, moitié aux écoliers de la maison de Sorbonne et moitié à ceux de la maison des Bons-Enfants du faubourg Saint-Victor.

L'université obtint peu après (1340) de Philippe VI deux privilèges. Le premier place les maîtres et écoliers sous la garde du prévôt de Paris, avec le droit de ne pouvoir être contraints de plaider ailleurs qu'à Paris; c'est ce qu'on appela le droit de *garde-gardienne*. Le second exempte les maîtres et les écoliers des tailles, péages, impôts et coutumes. L'université répondit à ces faveurs en s'appliquant, de son côté, à réprimer les abus qui s'étaient glissés dans son sein. Pour commencer, elle rendit un statut contre la coutume de faire payer aux nouveaux écoliers leur bienvenue ou *bec jaune*.

On était au commencement du règne de Charles V. Paris jouissait d'une tranquillité parfaite, quand tout à coup l'université jette les hauts cris en se plaignant qu'on a violé ses privilèges. Jusque-là, maîtres et étudiants avaient eu le droit d'acheter leur vin sans payer d'impôt. Ceux qui avaient la régie de cet impôt s'opposèrent aux privilèges de l'université, sous prétexte que les écoliers prêtaient leurs noms aux bourgeois de Paris afin de les exempter de la taxe, ce qui causait aux fermiers un préjudice notable. Pour trancher ce différend, le roi ordonna, par l'organe de son chancelier, que le vin serait désormais délivré aux gens de l'université sous la surveillance du recteur et, qu'en son absence, son seing serait apposé en regard de chaque nom.

Une difficulté n'était pas plutôt terminée qu'il s'en élevait une autre. Au mois de décembre de la même année (1365), le jour de saint Nicolas, patron de la fête des garçons, les écoliers de Saint-Nicolas-du-Louvre prolongèrent leurs ébats fort avant dans la nuit. Les archers du guet qui faisaient leur ronde par là se plaignirent du bruit, appréhendèrent quelques jeunes gens et les traînèrent au Châtelet. Leurs camarades ayant voulu les défendre, furent maltraités jusque dans leur propre collège où les archers, sans aucun respect pour le lieu, commirent de grandes violences. L'université, sur la nouvelle de cette infraction de ses privilèges, demanda justice au roi contre le prévôt de Paris, et le roi rendit une ordonnance, le 22 janvier de l'année suivante, par laquelle le prévôt fut obligé de rendre satisfaction au recteur et aux députés de l'université en présence du roi et de son conseil. Quatre sergents du Châtelet, qui avaient porté les coups aux écoliers, furent tenus de faire amende honorable en se mettant à genoux. Mais, pour ôter en même temps aux écoliers de Saint-Nicolas toute occasion de querelle, sous prétexte de leurs franchises qu'ils se croyaient en droit d'étendre jusque sur la place et dans la rue qui se trouvaient devant leur collège, le roi borna à leur chapelle et à leur cimetière l'immunité qu'il leur accordait. Pour compenser cette diminution de privilèges, il leur donna mille francs d'or qui devaient être employés à acheter des maisons ou des rentes, plus cent francs d'or en réparation des dommages qu'ils disaient avoir soufferts de la part de ses sergents, à condition qu'ils ne tiendraient plus de propos contre eux. Le continuateur de Nangis ajoute que, dans cette querelle, les gens du guet avaient jeté un écolier dans la rivière, et que le corps, retrouvé quelque temps après à la hauteur du couvent des Augustins, fut enterré dans l'église des Carmes, où l'université lui fit des obsèques solennelles.

Dans une assemblée générale tenue la même année

aux Bernardins. Jean de Viry, abbé de Sainte-Geneviève, fut privé de tous les honneurs auxquels il pouvait prétendre dans l'université, pour avoir souffert que, dans son monastère et en sa présence, des docteurs de Sorbonne fussent insultés et maltraités par ses domestiques jusqu'à effusion de sang. C'est à ce propos que les sceaux de l'université, qui jusqu'alors avaient été gardés à Sainte-Geneviève, furent transportés au collége de Navarre. La sentence prononcée unanimement contre l'abbé Jean de Viry fut publiée aux Jacobins dans une assemblée solennelle de l'université, sans nul égard aux prières de la reine de France et d'un cardinal, qui demandèrent grâce pour lui.

Le pape Innocent VI, dit Félibien, avait députe deux cardinaux, Gilles Aicelin de Montaigu, évêque de Térouenne, et Jean de Blandiac, évêque de Nîmes, pour travailler à une réformation de l'université de Paris; mais ils n'achevèrent leur commission que sous Urbain V, son successeur, en vertu de sa bulle datée d'Avignon du 2 mai 1366. Cette réformation consiste dans un statut de plusieurs articles pour la correction de divers abus qui s'étaient glissés dans les quatre facultés, tant à l'égard des habits que de la discipline extérieure des classes, du temps et de l'ordre des leçons, et de l'usage des priviléges. D'après le statut des deux cardinaux commissaires, en date du 6 juin, il est défendu aux professeurs d'écrire d'avance leurs leçons, sauf quelques notes abrégées dans le but de soulager leur mémoire. Il est aussi défendu aux écoliers ès arts qui prennent des leçons d'être assis sur des bancs ou autres siéges élevés; il leur est ordonné de se mettre à terre, suivant l'ancien usage, et par humilité.

Ce fut à la même époque que Hugues Aubriot, prévôt de Paris, qui différait depuis trois ans de prêter serment à l'université, prétendant qu'il ne devait point le faire en public, se vit enfin contraint de comparaître dans l'église de Saint-Eloi avec ses appariteurs, en présence du recteur et des députés de l'université. Le 10 octobre, il prêta serment dans l'assemblée générale des quatre facultés qui se tint ce jour-là aux Bernardins, et il promit de conserver les priviléges de l'université tant qu'il serait en charge.

Hugues Aubriot, prévôt de Paris, qui venait de se distinguer par les travaux d'édilité dont il avait enrichi la ville, témoignait en toute occasion sa haine contre les gens de lettres et contre les étudiants. Quand il pouvait trouver en faute quelques-uns de ces derniers, il ordonnait à ses sergents de les maltraiter. Il avait fait creuser exprès pour eux dans le Petit-Châtelet deux cachots qu'il appelait par dérision le clos Bruneau et la rue du Foin, comme les deux endroits le plus remplis d'écoliers. Cet excès d'insolence irrita contre lui toute l'université, qui sut bientôt qu'il se livrait à toutes sortes d'exactions et de débauches. Une enquête ordonnée avec discrétion apporta la preuve des faits qu'on lui imputait. Alors l'université se porta publiquement son accusatrice et le cita devant l'évêque de Paris. Le prévôt, qui comptait sur la protection de la cour, se moqua d'abord, puis éclata en menaces. Mais lorsque les princes virent qu'il était accusé de crimes énormes, ils l'abandonnèrent à la justice de l'évêque. Aubriot fut mis en prison, et son procès une fois instruit, il allait être condamné au feu, quand ses juges modérèrent la sentence à la sollicitation de quelques seigneurs. Un échafaud avait été préparé au parvis de Notre-Dame le 17 mai 1381; on l'y fit monter, et il demanda, à genoux et sans chaperon, l'absolution de l'évêque, avec promesse de satisfaire à tout ce qui lui serait imposé. L'inquisiteur de la foi lut publiquement, en présence du recteur et des docteurs de l'université, la liste des crimes et impiétés dont le coupable avait été convaincu; après quoi l'évêque, revêtu de ses habits pontificaux, lui donna l'absolution, et pour pénitence, le condamna à une prison perpétuelle et au jeûne au pain et à l'eau; mais Aubriot fut délivré de prison l'année suivante.

Aucune puissance ne pouvait prévaloir contre celle des écoliers garantis par leurs priviléges. Mais si, en plus d'une occasion, il y a des abus et des excès à déplorer, on est heureux de reconnaître que la protection s'exerce au profit de l'intelligence contre la brutalité de la force.

Dans le grand schisme d'Occident qui éclate à cette époque, c'est l'université qui prononce sur les questions soulevées par les prétendants à la tiare; c'est elle qui frappe et dégrade les papes. Un grand concile national s'étant réuni à cette occasion, le docteur Pierreaux-Bœufs conclut qu'il faut forcer les deux pontifes à abdiquer, pour que le conclave procède à une élection nouvelle; s'ils refusent d'obtempérer aux décisions du concile, il soutient qu'on peut leur refuser obéissance et se former en église nationale. Gerson, l'illustre chancelier de l'université, fut l'âme du concile de Constance, qui déposa le pape Jean XXII et élut le pape Martin V. Il se réfugia à Lyon pour éviter la vengeance du duc de Bourgogne, dont il avait désapprouvé l'apologie, essayée par le cordelier Jean-Petit, qui le justifiait d'avoir assassiné le duc d'Orléans. Il fit même condamner ses doctrines par le concile. Il ne se tint pourtant pas jusqu'au bout à la hauteur de son caractère, car il poursuivit avec acharnement Jean Huss et Jérôme de Prague, qu'on brûla comme hérétiques, malgré le sauf-conduit de l'empereur Sigismond. La cour de Rome, dont il avait censuré les abus, laissa mourir, dans un état voisin de la misère, cet homme qui avait été une des illustrations de l'Eglise. Il avait montré le même zèle pour les écoles, au sujet d'une insulte qui leur avait été faite au mois de juillet 1404. Citons cet exemple, car il est mémorable.

Des prières avaient été ordonnées dans toutes les églises pour l'extirpation du schisme. L'université de Paris, voulant en cette occasion accomplir un acte solennel, se rendit en procession à Sainte-Catherine du Val des-Ecoliers. Sa tête de colonne était parvenue à la hauteur de la rue Saint-Antoine, lorsque tout à coup la marche fut troublée par quelques pages du seigneur Charles de Savoisy, chambellan du roi, qui, piquant des deux, firent courir leurs chevaux à bride abattue à travers les rangs des écoliers. Quelques-uns furent renversés et blessés. Leurs camarades jetèrent des pierres aux pages pour les arrêter, et l'un d'eux reçut un soufflet. Aussitôt les pages allèrent se plaindre à leur maître qui leur permit de se venger. Ils reparurent pendant qu'on était à l'office, et armés d'épées, d'arcs et de flèches, ils frappèrent et blessèrent tout ce qui se rencontra, sans respect pour l'église, mutilant les objets d'art, perçant les ornements des diacres, et épouvantant tellement l'abbé qui célébrait la messe, qu'il eut de la peine à la terminer à voix basse. Le seigneur de Savoisy complimenta ses pages sur leur équipée, et leur promit l'impunité. Mais il en arriva tout le contraire. L'université, profondément courroucée, présenta ses griefs à Guillaume de Tignonville, prévôt de Paris, puis à la reine, aux ducs d'Orléans et de Bourgogne, et enfin au parlement. Savoisy commença à craindre les suites de l'affaire, et afin de l'assoupir, il fit ses soumissions à quelques docteurs. Ceux-ci ne se contentèrent pas de ses visites et de ses paroles; ils voulaient une réparation publique. Comme on remettait de jour en jour l'audition de l'affaire, ils se mirent à rechercher l'origine et la conduite du seigneur de Savoisy, et affichèrent aux portes des églises des placards où ils n'épargnaient pas le duc d'Orléans, son protecteur. Le recteur, pour en finir au plus vite, ferma les classes et interdit les prédications jusqu'à ce que le procès fût instruit. Alors le conseil du roi ordonna que le parlement ferait justice à l'université, à la requête de laquelle Charles de Savoisy fut arrêté. La cause de l'université fut plaidée avec beaucoup de chaleur et de succès par un cordelier, docteur en théologie, nommé Pierre-aux-Bœufs. L'anonyme de Saint-Denis parle avec grand éloge de son discours. L'arrêt rendu le 23 août, en présence du roi, porte que la maison de Savoisy sera abattue, que la démolition sera commencée le 26 du même mois par les officiers du roi; que Charles de Savoisy paiera cent livres de rente pour la fondation de cinq chapelleries sous le patronage de l'université; plus, deux mille livres, moitié pour les blessés, et l'autre moitié au profit de l'université. Trois pages, jugés des plus coupables, condamnés à faire amende honorable, la torche en main et sans autre vêtement que la chemise, devant Sainte-Geneviève, Saint-Séverin et Sainte-Catherine, furent fouettés publiquement de la main du bourreau et bannis. L'ordonnance de démolition parut extrême; on chercha à la rendre plus douce; mais l'université en poursuivit si vivement l'exécution, que le roi lui-même n'en put sauver que les galeries ornées de peintures, qui étaient bâties sur les murailles de la ville. La démolition se fit avec une solennité toute nouvelle, au son des trompettes, au jour marqué par l'arrêt. Encore Savoisy n'évita-t-il l'affront d'une amende honorable que parce qu'il avait été clerc lui-même. Deux ans après, il obtint du roi la permission de faire rebâtir son hôtel; l'université s'y opposa avec tant d'opiniâtreté qu'un espace de cent douze ans s'écoula avant la mise à exécution. L'université donna alors son consentement à la condition qu'une table de pierre contenant ce qui suit, serait placée au-dessus de la porte du nouvel hôtel :

Cette maison de Savoisy,

en l'an 1404,

Fut démolie et abattue par arrest, pour certains forfaits et excès commis par messire Charles de Savoisy, chevalier, pour lors seigneur et propriétaire d'icelle maison, et ses serviteurs, à aucuns escoliers et suppôts de l'université de Paris, en faisant la procession de ladite université à Sainte-Catherine-du-Val-des-Escoliers, près dudit lieu; avec autres réparations, fondations de chapelles, et charges déclarées audit arrest. Et a demeurée desmolie et abattue l'espace de cent douze ans, et jusqu'à ce que ladite université, de grace especialle et pour certaines causes, a permis la réédification d'icelle, aux charges contenues et déclarées es lettres sur ce faites, et passées à ladite université en l'an 1517.

Le prévôt de Paris, Guillaume de Tignonville, et son lieutenant, furent destitués pour avoir outrepassé leurs droits vis-à-vis de deux écoliers nommés Olivier Bourgeois et Léger Dumoussel, quoiqu'ils fussent de mauvaise vie et accusés de plusieurs crimes. Le recteur de l'université ayant eu connaissance de cet emprisonnement, adressa une requête au prévôt pour qu'il eût à renvoyer à l'évêque de Paris, les criminels qui relevaient de sa juridiction. Le prévôt, loin de vouloir relâcher les prisonniers, les mit à la torture, et, après avoir tiré d'eux l'aveu de leurs crimes, il les envoya au gibet, au mépris des lois ecclésiastiques. Ils furent pendus en public et en plein jour le 26 octobre 1407, en présence de toute la ville, qui accourut à ce spectacle d'ignominie, dont l'affront rejaillissait sur les clercs. L'évêque de Paris, instruit des conséquences de cette exécution, chargea le prévôt de censures et d'excommunications, et fit afficher sa sentence aux portes de sa cathédrale. L'université, de son côté, cita le prévôt devant le roi, à qui elle demanda une satisfaction publique proportionnée à l'affront qu'elle venait de souffrir dans la condamnation de deux de ses sujets. Le roi, prévenu par les amis du prévôt que les deux écoliers dont il s'agissait étaient des voleurs de grand chemin, fit répondre par son chancelier aux requêtes de l'université, qu'elle pouvait faire inhumer comme bon lui semblerait les corps des deux suppliciés. Cette réponse ajouta à l'irritation du recteur et des siens. Ils déclarèrent qu'ils allaient à l'instant fermer leurs classes et faire cesser les prédications; et, en effet, il n'y eut ni leçons dans les écoles, ni sermons pendant l'avent et le carême, ce qui causa un grand émoi. Les maîtres et les étudiants poussèrent plus loin leur ressentiment. Ils se rendirent en corps près du roi, se plaignirent amèrement qu'on ruinait leurs privilèges, et conclurent enfin que, puisqu'on leur déniait toute justice, ils étaient dans l'intention de quitter le royaume et de s'établir ailleurs. Cette remontrance toucha le roi. Après avoir essayé vainement d'adoucir l'université par des paroles et des promesses, il assembla son conseil et rendit un arrêt qui marque dans l'histoire des écoles et des étudiants. Il porte que le prévôt avait imprudemment et trop précipitamment condamné les deux écoliers, et ordonne que l'exécuteur, accompagné des ministres de la justice, ira publiquement dépendre les corps des deux suppliciés, lesquels seront conduits au parvis de Notre-Dame, et rendus à l'évêque et au recteur de l'université, ce qui se fit en présence d'une affluence prodigieuse de peuple, au son des cloches de tous les collèges et de toutes les paroisses de la ville; après quoi, ils furent inhumés en grande cérémonie à l'église Saint-Mathurin. Les figures des deux écoliers furent gravées au trait sur la pierre sépulcrale qu'on voyait encore au dernier siècle dans le cloître des Mathurins, ainsi que leur épitaphe. Charles VI donna lui-même cent écus d'or pour le prévôt, qui fut obligé d'aller demander pardon au recteur et aux docteurs de l'université avant que de pouvoir exercer sa charge de premier président de la chambre des comptes de Paris que le roi lui donna, en remplacement de sa prévôté, à la sollicitation des principaux seigneurs de la cour.

IV.

QUINZIÈME SIÈCLE. — Réforme du cardinal d'Estouteville dans l'université. — Les étudiants attaqués par les bourgeois. — Démêlés avec les religieux mendiants. — Invention de l'imprimerie. — Encouragements donnés par la Sorbonne. — Fondation d'une école de médecine. — Louis XII sape les priviléges accordés aux étudiants. — Cessation des cours dans les Écoles.

L'agitation générale qui avait suivi les croisades, les troubles civils et les invasions des Anglais avaient, pendant près de deux siècles, paralysé les études. Une réforme était devenue indispensable; l'université de Paris elle-même la provoquait. Elle fut entreprise en 1452 par le cardinal d'Estouteville, légat du pape Nicolas V, et par les commissaires du roi Charles VII. La réforme s'étendit aux quatre facultés. Voici les points principaux sur lesquels elle portait. Il était interdit aux docteurs de la faculté de théologie d'obliger les bacheliers à offrir un grand repas après leur réception. La forme des habits que tous les bacheliers devaient porter aux assemblées de l'université était prévue. Les anciens statuts sur la durée des cours, les examens et les leçons, furent renouvelés. On y introduisit un article nouveau qui invitait les bacheliers, admis à donner des leçons, à ne plus les faire par cœur, mais à lire leurs propres cahiers. Les élèves de la faculté de droit étaient tenus d'assister au moins deux fois par semaine aux leçons du matin. Les docteurs ne pourraient demander que sept écus d'or pour passer quelqu'un bachelier; celui qui serait convaincu d'avoir exigé davantage, serait exclu de la régence, et privé de tous les honneurs et privilèges de l'université. Les anciens statuts de la faculté de médecine qui excluaient de la régence les docteurs mariés étaient abrogés. Le recteur devait assembler tous les ans, entre la Saint-Denis et la Toussaint, la faculté des arts, pour choisir quatre gradués de chaque nation dans les facultés supérieures, et leur faire visiter les diverses écoles afin d'en surveiller les abus; dans le cas où ils négligeraient ce devoir, l'évêque de Paris nommerait lui-même, au nom du pape, quatre gradués suppléants. La *fête des Fous* fut abolie sous prétexte qu'elle donnait lieu à des scènes

Trois cent vingt clercs ou étudiants furent tués et jetés à la Seine.

de scandale dans les églises. Le cardinal voulut supprimer aussi la *foire du Lendit*, mais on la voit ressusciter plus brillante que jamais, les années suivantes. La réforme statua qu'à l'avenir les professeurs seraient payés chaque mois, sans éclat et sans bruit. Les pauvres étaient exempts de cette rétribution annuelle, qui ne montait qu'à cinq ou six écus par tête.

Le recteur ayant été insulté par un collectionneur qui voulait faire payer à l'université une imposition à laquelle elle ne contribuait pas, toute prédication fut suspendue pendant une grande partie de 1444. L'année suivante, un maître ès arts, nommé Jean Gonda, fut emprisonné avec quelques autres écoliers. L'évêque de Paris demanda qu'ils fussent mis dans ses prisons comme clercs; de son côté, l'université les réclama comme écoliers, et à ce titre, ils devaient être jugés par le recteur. Charles VII, pour trancher la question, renvoya le procès au parlement. Le recteur, qui s'appelait Jean Pain-et-Chair, envoya des députés pour exiger la reddition des prisonniers, déclarant qu'en cas de refus il ferait cesser les leçons et les prédications. Mais l'université commençait déjà à perdre de son autorité et de son prestige. Le roi ordonna au parlement, non-seulement de travailler au procès des prisonniers et de juger tous les différends de l'université, mais encore d'informer contre les auteurs de la cessation des leçons et des sermons, et d'en tirer une punition exemplaire.

La division qui existait depuis longtemps entre les étudiants et les bourgeois suscitait des orages à la moindre occasion. En 1453, on ne dit pas pour quel sujet, une quarantaine d'écoliers, innocents ou coupables avaient été jetés dans les prisons du Châtelet par ordre. Aussitôt l'université avait député le recteur vers le prévôt de Paris, pour lui demander raison de la conduite de son lieutenant. Le prévôt de Paris ayant ordonné sur l'heure l'élargissement des prisonniers sous la caution de l'université, le recteur, à la tête de ses prisonniers et de huit cents étudiants, était allé remercier le prévôt dans son hôtel. Comme ils revenaient, ils furent accostés dans la rue Saint-Antoine par un commissaire escorté de huit personnes, qui se mirent à insulter grossièrement la suite du recteur. Les étudiants avaient ordre de ne rien répondre, et surtout de ne rien entreprendre. Ils se laissèrent poursuivre par les gens du commissaire qui, se voyant bientôt soutenus par les habitants, se ruèrent avec tant de fureur sur ces jeunes gens et leurs maîtres, qu'un bachelier en droit, nommé Raymond de Mauregard, fut tué sur la place; deux prêtres furent blessés à mort avec environ quinze ou seize étudiants. Le recteur lui-même vit ses jours en péril; un bourgeois arrêta le bras d'un arbalétrier qui allait

Députation des étudiants devant Louis XII.

le percer d'une flèche. L'affaire fut si grave, qu'on tendit les chaînes dans les rues et qu'on cria partout : *Aux armes!* Ceci se passait le 9 mai 1453. Le lendemain, le recteur ayant convoqué l'université aux Bernardins, exposa tout ce qui s'était passé, et, après mûre délibération, l'assemblée conclut à l'unanimité au silence absolu dans les écoles et dans les chaires des églises, tant au delà qu'en deçà des ponts, jusqu'à ce qu'on eût obtenu pleine et entière satisfaction; après quoi, on se rendit aux obsèques de Raymond de Mauregard, qui fut inhumé le même jour à Saint-Germain-le-Vieux. Le président de la chambre des comptes et quelques personnes de considération, entre autres le prévôt des marchands et les quatre échevins de Paris, se présentèrent pour prier l'université de suspendre l'exécution de ce qu'elle venait d'ordonner pour la cessation de ses exercices ordinaires. L'université se réunit de nouveau, persista dans sa résolution, et convint de plus qu'on irait trouver l'évêque de Paris pour requérir un interdit sur toute la ville, ou du moins sur les trois paroisses où s'était commis l'attentat contre les étudiants; que les écoliers de ces paroisses ne seraient admis à aucun grade qu'après une réparation convenable. Quelques jours après, le recteur, accompagné de députés, se rendit au parlement et harangua

a cour : « S'est-il jamais commis, dit-il, un attentat » plus énorme? On outrage celle qui est la mère de l a » science et des universités! N'est-ce pas perdre la fille » du roi très chrétien et jeter tout le clergé dans la » confusion? On ne se contente pas de renverser ses » priviléges ; on abolit tout droit commun et la juridic-» tion ecclésiastique. Il n'y aura donc plus désormais » de sûreté à attendre dans Paris? » Il requit ensuite que la cour fît emprisonner le prévôt et son lieutenant criminel, contre lesquels l'université se déclarait partie.

Le premier président répondit que la cour travaille rait à satisfaire l'université et à lui rendre bonne justice, mais qu'elle l'exhortait à ne pas interrompre plus longtemps ses fonctions. L'affaire traîna longtemps encore. Dans l'intervalle, un docteur en théologie qui avait osé prêcher depuis le décret rendu par l'université pour la cessation des classes et des sermons, fut privé pour dix ans de tous les priviléges académiques, en punition de sa prévarication. Sur un nouvel ordre du roi, le parlement informa contre les auteurs du meurtre des écoliers et en fit mettre plusieurs en prison. Enfin, il y eut un arrêt rendu le 20 juin contre les coupables, qui furent conduits devant la porte du collége de St-Bernard, au nombre de huit, savoir, six avec des torches et en chemise, deux sans torche et vêtus, mais sans chaperon et sans ceinture. Ils furent condamnés à faire amende honorable, et l'un d'eux, nommé Charpentier, qui avait osé porter la main sur le recteur pour le tuer, eut le poing coupé. L'instance que fit ensuite l'université pour obtenir la suspension du prévôt, du lieutenant criminel et du commissaire, ne put aboutir. Pendant le cours du procès, l'évêque de Paris, Guillaume Chartier, non-seulement avait refusé à l'université l'interdit général sur la ville, mais il avait de plus trouvé fort mauvais que l'université eût fait cesser ses exercices. Il blâma cette conduite dans un synode auquel assistait le clergé de la province. L'université se trouva si choquée de son discours, qu'elle résolut de se soustraire à sa juridiction, à l'exemple de l'université de Cologne. Ces conflits se prolongèrent quelque peu, lorsque le parlement proposa des accommodements ; mais, avant de rien statuer, il voulait que les cours fussent réouverts. Les avis étant partagés, on recommença néanmoins les leçons et les prédications, excepté dans les trois paroisses où s'était commis l'attentat ; ce qui n'empêcha pas l'université de poursuivre l'appel qu'elle avait interjeté contre l'évêque de Paris pour se dégager de son autorité. Il y en eut qui crièrent à l'hérésie. Mais le parlement rendit un arrêt favorable à l'évêque. L'université réclama ensuite l'autorité royale avec aussi peu de succès. Les trois curés des paroisses interdites supplièrent trois fois l'université de lever sa défense sur les prédications. Elle y consentit dans une assemblée tenue aux Mathurins le 4 décembre, à condition qu'il serait fait un acte public de leur soumission, pour être gardé dans le grand coffre de l'université.

Un nouveau démêlé de l'université avec les religieux mendiants amena encore une fois, peu de temps après, la suspension des cours et des sermons. Le roi se plaignit alors au pape Pie II de ce que l'université usait pour des causes légères d'un privilége qui ne lui avait été toléré que pour des causes graves, telles que meurtres énormes, dénis de justice, injures graves, etc. Eu égard à ces plaintes, le pape, par une bulle en date du 13 février 1462, défendit à l'université, sous peine d'excommunication, de privation de tous bénéfices, et d'inhabileté à en posséder aucun, d'indiquer aucune cessation d'exercices académiques et de prédications, à moins d'une cause grave, d'un excès violent commis contre le corps ou les particuliers, et d'un déni formel de justice. Encore veut-il qu'en ces cas mêmes l'archevêque de Sens et l'évêque de Beauvais examinent les plaintes de l'université, et qu'elle n'ordonne rien que du consentement de l'un d'eux, sauf, en tout événement, aux religieux de pouvoir faire leurs actes et leurs prédications à l'ordinaire, comme s'il n'y avait aucune cessation indiquée. Cette bulle, obtenue à la prière du roi et mise au trésor des chartes, était destinée à rassurer les religieux mendiants contre la surveillance de l'université.

Un élément nouveau vient de se produire dans le monde pour le transformer ; force impalpable et incompressible comme celle de l'idée, dont elle est le signe visible : — c'est l'imprimerie ! — L'université a une grande part dans son établissement ; elle favorise les premiers progrès de cet art si étroitement lié à la propagation des lettres. Disons comment.

La chronique de l'abbé Trithème, en date de 1450, renferme sur les commencements pénibles de cette invention des détails recueillis de la bouche même des inventeurs. Un citoyen de Mayence, Jean Guttemberg, en conçoit le premier la pensée et dépense une grande partie de son bien pour la réaliser ; le découragement s'empare de lui ; il va tout abandonner, quand un de ses concitoyens, Jean Faust, témoin de sa détresse, relève son moral abattu en lui ouvrant sa bourse. Ils s'associent, gravent ensemble des pages entières sur bois et parviennent à imprimer *le Catholicon*. Plus tard, ils imaginent de graver sur des poinçons d'acier l'empreinte de chaque lettre de l'alphabet, de frapper des matrices servant à fondre des caractères mobiles. Par ce procédé, les lettres peuvent se détacher les unes des autres, et, après avoir servi à l'impression d'une page, se décomposer pour être ensuite employées à l'impression d'une autre. Quatre mille florins furent engloutis dans ces premiers essais ; mais le succès leur vint avec le courage. Des émules se produisirent en même temps. Pierre Schaffer dit *Opilio*, qui étudiait, comme il le dit lui-même, dans la très-glorieuse université de Paris, perfectionna la fonte des caractères et importa en France la nouvelle invention. C'est à lui qu'on doit le *Psautier* in-folio paru en 1457, le premier de tous les livres imprimés qui porte une date certaine, et c'est par les soins de deux anciens recteurs, Guillaume Fichet et Jean de la Pierre que les premières expériences de l'art se firent. Dès 1470, ils appelèrent à Paris Ulric Gering (de Constance) avec deux associés, Martin Crantz et Michel Friburger (de Colmar). que les troubles de Mayence avaient forcés à se disperser. Ils établirent leurs presses dans les bâtiments mêmes de la Sorbonne et publièrent dans la même année :

Les *Lettres* de Gasparin de Bergame ;
L'*Abrégé de Tite-Live* par Florus ;
Salluste ;
La *Rhétorique* de Fichet ;
Les *OEuvres* de Bessarion,
Et les *Elégances* de Laurent Valle.

Trois ans plus tard, on vit sortir de nouveaux ouvrages d'une seconde imprimerie établie à Paris par Pierre Cesaris, maître ès-arts, et Jean Stol, tous deux Allemands, associés aux imprimeurs de la Sorbonne Ces derniers quittèrent la Sorbonne et vinrent se placer dans une maison de la rue St-Jacques, à l'enseigne du *Soleil d'or*. Dix ans après, Gering, abandonnant la rue St-Jacques pour la rue de Sorbonne, vint s'y fixer dans une maison où pendait l'enseigne du *Buis*, ainsi que l'indique la vignette qui se trouve sur le titre de ses livres. Berthold Rembolt devint son associé. Trois ans avant la mort de Gering, Rembolt loua, des docteurs de la société de Sorbonne, pour sa vie et celle de Charlotte Guillard, sa femme, une maison de la rue St-Jacques, où pendaient pour enseigne *le Coq* et *la Pie*, vis-à-vis la petite rue Frementel. Rembolt y porta avec lui le matériel du *Soleil d'or* et commença d'imprimer sous son nom seul en 1509. Après sa mort arrivée en 1518, sa veuve épousa Claude Chevallon, qui vint de la place de Cambrai demeurer avec elle au *Soleil d'or*, où il entreprit ces belles éditions des Pères de l'Église si recherchées. Chevallon mourut en 1542. et sa veuve soutint l'imprimerie, où elle rendit habile Michelle Guillard, sa sœur, femme de Guillaume Des Bois. Cette maison du *Soleil d'or* fut toujours occupée par des imprimeurs en réputation.

L'université n'était pas seulement chargée de régler l'enseignement ; elle étendait encore sa juridiction sur l'impression et le débit de tous les livres. C'était un privilége spécial que les rois lui avaient conféré de longue date : les libraires jouissaient de ses immunités et recevaient d'elle des règlements. Ils avaient le titre de libraires-jurés de l'université et ne pouvaient, sans son agrément, s'établir hors du pays latin. Avant l'invention de l'imprimerie, la librairie consistait dans les écrivains dont la demeure était fixe et connue et qu'on appelait *stationarii*, dans les libraires qui vendaient les livres, dans les relieurs, enlumineurs et parcheminiers. Personne ne pouvait vendre les livres à Paris sans la permission de l'université ; elle chargeait quatre libraires de son choix d'en fixer le tarif. On ne pouvait exposer aucun livre en vente avant qu'il eût été approuvé par elle. Les exemplaires des libraires devaient être corrects, sans quoi ils étaient dénoncés à l'université. Ils ne pouvaient acheter aucun livre des écoliers qu'avec la permission du recteur. Leur gain ne devait être que de quatre deniers pour livre dans la vente faite aux maîtres et aux écoliers, et de six deniers pour les autres. Enfin, aucun libraire ne pouvait se défaire de son fonds de livres sans le consentement de l'université.

La science de la médecine était encore très peu avancée, bien qu'on l'enseignât ; elle se bornait à l'empirisme et à des pratiques de charité souillées d'erreurs et de magie. En 1469, l'université, assemblée à Notre-Dame, décida, sur l'avis de Guillaume Basin, doyen de la Faculté, que, pour fournir un local propre à l'enseignement de la médecine, on achèterait une vieille maison appartenant aux chartreux et située rue de la Bûcherie. La construction du bâtiment destiné à l'école fut achevée en 1477. Au-dessus de la porte on lisait cette inscription en lettres gothiques : *Scholæ medicorum*. Les professeurs et les écoliers, suivant l'usage des peuples anciens, étaient ou devaient être prêtres : on les nommait *physiciens*, *mires*, quelquefois *médecins* ; et même à la fin du XIIIe siècle, il était défendu de pratiquer la médecine, si l'on n'était pas religieux. Philippe-le-Bel ne permettait d'opérer qu'avec licence de son chirurgien Jean Pitard. Les chirurgiens étaient astreints à prêter serment au prévôt de Paris, ce qui les confondait avec les arts et métiers. Quelque temps après, l'université, sur leur requête, consentit à les protéger contre les charlatans, à la condition qu'ils seraient réputés *vrais écoliers*, *et non autrement* ; ils fréquentèrent les leçons des docteurs régents, et cependant ils ne firent jamais partie de l'université. En 1474, les médecins de la rue de la Bûcherie représentèrent au roi Louis XI que plusieurs personnes attaquées de la maladie de la pierre périssaient sans guérir, et demandèrent à faire une opération expérimentale sur un archer de Meudon, affligé de cette maladie, et qui venait d'être condamné à mort pour ses crimes. Le roi y consentit ; le condamné fut opéré si heureusement qu'au bout de quinze jours il recouvra la santé. A cette époque, surgissait une foule de procès entre les simples chirurgiens dits de *robe longue* et les barbiers chirurgiens dits de *robe courte*. La faculté de médecine passa avec ces derniers, en 1500, un contrat par lequel elle leur promettait aide, protection et enseignement, à la charge par eux de se tenir dans sa dépendance.

Le pape Innocent VIII venait d'imposer une nouvelle taxe au clergé de France, avec de grandes menaces contre ceux qui refuseraient de payer. L'université de Paris se prétendit exempte de cette charge. Malgré cette résistance, l'archevêque de Sens, Tristan de Salazar, commissaire du pape, fulmina contre les opposants des censures et des excommunications qui furent affichées aux portes des églises. La faculté de théologie en délibéra ; elle décida que les monitions, censures et excommunications portées et à porter par le souverain pontife, pour obliger à payer une imposition ordonnée sans cause raisonnable et juste, se trouvant nulles de droit, soit avant, soit après l'appel légitime, n'étaient point à craindre, et, par conséquent, n'excluaient point de la participation des sacrements de l'église, ni de la communion des fidèles. L'université tout entière applaudit à cet arrêt doctrinal.

L'une des premières résolutions de Louis XII en arrivant au trône, fut de réduire les priviléges des étudiants, qui en abusaient pour se soustraire à la justice publique. L'évêque d'Albi avait été particulièrement chargé de la modification et même de l'abrogation complète de certains articles. L'ordonnance du roi pour la réforme de l'université allait paraître. A cette nouvelle, répandue le 13 avril 1498, l'université s'assemble et adresse une requête au parlement pour supplier la cour de vouloir l'entendre avant que de publier la nouvelle ordonnance du roi. Elle nomma en même temps des députés qui devaient se rendre près de l'évêque d'Albi pour le solliciter. Ils invoquèrent les actes de la dernière réformation arrêtés par le cardinal d'Estouteville et les bulles portant excommunication contre ceux qui oseraient attenter aux priviléges de l'université. Tout fut inutile. La cour du parlement n'écouta aucune des raisons qu'on lui allégua ; elle enregistra et publia avec un calme inexorable l'édit du roi. L'université se rassembla de nouveau le 25 mai et ordonna une procession solennelle à Sainte-Catherine du Val-des-Écoliers ; on y célébra une messe du Saint-Esprit pour demander à Dieu de mieux inspirer le roi et son conseil. Il y eut aussi sermon pour exhorter le peuple à se joindre à leurs prières. Comme le roi, pas plus que le parlement, ne se laissait fléchir, l'université fit cesser les classes et les prédications. Le lendemain, qui était le jour de la Fête-Dieu, Jean Cave, alors recteur, pria ceux qui devaient monter en chaire de recommander l'affaire de l'université à leurs auditeurs et de leur annoncer l'ordre qu'ils avaient de ne plus prêcher. Plusieurs prédicateurs poussèrent le zèle jusqu'à mêler à leurs sermons des mots offensants pour la personne du roi. On répandait en même temps dans la ville des libelles où Gui de Rochefort, chancelier de France, n'était pas épargné. Le bruit s'étant répandu que les étudiants s'attroupaient en armes et fomentaient une rébellion, le prévôt établit avant la nuit des corps de garde sur les principaux points de la Cité. Le roi, qui se trouvait à Corbeil, était tenu au courant de tout ce qui se passait. En attendant, le parlement faisait sommer le recteur et les doyens des quatre facultés à comparaître devant la cour, le chancelier et l'évêque d'Albi. Sur leur refus, la cour rendit un arrêt portant que si les classes n'étaient pas réouvertes avant le mardi suivant, elle y pourvoirait. L'université, voyant que l'affaire prenait une mauvaise tournure, envoya des députés vers le roi à Corbeil. Ils furent admis à l'audience, et celui qui portait la parole essaya de dissiper les préventions qu'on avait élevées dans l'esprit du roi contre l'université, en la lui dépeignant comme un corps opposé à ses volontés et capable de porter les peuples à la sédition. Il termina en disant que puisque l'université était regardée comme la fille aînée des rois, le roi en était le père, et que les écoliers, « qui ne possédaient rien hors leur liberté et leurs lettres, » mettaient en lui toute leur espérance.

Le cardinal d'Amboise, qui était toujours près du roi, écouta presque avec humeur cette harangue ; il y répondit de son ton le plus sévère : « Sa Majesté est grande
» ment enaigrie par les reproches de sa fille aînée, ainsi
» que vous l'appelez ; ce que ne devoit jamais advenir,
» si elle eût été obéissante et de bonne vie. Je confesse
» que Sa Majesté a corrigé, réprimé et restreint la
» trop grande bride qui avoit été lâchée de vos préten
» dues libertés qui vous conduisoient tous à perdition,
» et ce afin que vous appliquiez vos vues et vos esprits
» aux hautes vertus célestes et non pas aux folies et
» tentations de ce monde terrien ; mais les chats
» huants haïssent la lumière ; vous avez voulu bailler
» du pied contre la pierre ; vous n'avez point eu de
» honte de parler contumélieusement contre le nom
» du roi, mais encore avez voulu faire des troubles et
» forcer le bien public et empêcher et dénier la parole
» de Dieu au peuple ! Sont-ce des menées et façons de
» faire dignes d'hommes sages et philosophes ? Par ce
» moyen espérez-vous pouvoir tirer et extorquer de sa
» royale Majesté des priviléges ? Maintenant, la plu
» part d'entre vous se déguisent et feignent d'être cu
» rieux et vivent en tous débordements et manières
» désordonnés : ils sont vêtus de peaux de brebis et
» au dedans sont loups ravissants, lesquels on ne peut
» assez remplir ni assouvir de bénéfices. Sa Majesté a

» trouvé très bon, utile et nécessaire, non pas de vous
» ôter vos priviléges, mais bien de mettre une fin aux
» abus ; donc délaissez de vous plaindre ; composez
» votre vie et vos mœurs afin qu'il ne semble que, la
» tête levée, vous veuillez bailler obstacle aux consti-
» tutions du roi. »

Après l'audition de ce discours qui ressemble fort à
une semonce, les ambassadeurs demandèrent humblement au roi s'il n'avait rien à leur ordonner : « Allez,
leur dit-il, saluez de ma part les écoliers qui sont
dignes de ce nom ; je n'ai aucune sollicitude des mauvais. » Puis, il s'écria en se frappant la poitrine : « Ils
m'ont tancé par leurs prédications, mais je les enverrai
bien prêcher ailleurs. »

La députation revint en toute hâte à Paris rendre
compte de sa mission. L'université fit lever partout ses
interdits, en prévint le parlement et réclama son indul-
gence pour les prédicateurs qui s'étaient laissé aller
un peu trop loin. A la rentrée du roi à Paris, Olivier
Maillard, l'un des plus fougueux, quitta la capitale.
Jean Standoncg, le principal du collége de Montaigu,
homme honorable et vénéré, disent les chroniqueurs,
fut seul banni du royaume, comme un des promoteurs
de la sédition. Il est vrai que le roi lui gardait rancune
de ce qu'il avait condamné son divorce avec Jeanne.
Le proscrit se réfugia en Brabant, à la grande désola-
tion des écoliers qui le regardaient comme leur père.
Ils lui écrivaient pour le consoler en faisant des vœux
pour que « Dieu le conduise, le ramène bien vite et le
garde comme la prunelle de son œil. » Jean Raulin,
moine de Cluny, lui adressa une longue lettre en latin, avec cette suscription : « *A l'aigle volant sur les
ailes des vents et des tempêtes...* » En voici la traduction d'après le bibliophile Jacob (*Histoire du seizième
siècle*) :

« Celui qui m'apprit la nouvelle de ton exil m'envi-
» ronna d'amertume et de douleur, me nourrit de
» cendre !... C'est dans la mauvaise fortune que se
» montre le cœur de l'homme, et dans la bonne le
» cœur de la femme ; ainsi je vois que tu es un homme,
» non une femme, et le malheur le prouvera mieux,
» lorsque bientôt prendra fin cette tribulation qui ne
» t'ébranle ni ne t'abat. Nous jouirons de mutuels em-
» brassements ; l'orage se dissipera tout à l'heure :
» c'est un torrent qui traverse notre âme ; c'est une
» nuée qui s'enfuit. La mouche s'envole d'autant
» plus vite qu'on sent son aiguillon... Les pierres de
» ton sanctuaire et de ton collége ne sont pas disper-
» sées, m'écrié-je ; l'appui de ta maison est brisé, et
» les vents ont soufflé contre elle ; un vent violent,
» venu du désert, s'est précipité sur elle et elle n'est
» pas tombée ; car elle était bien fondée sur la pierre
» vive. Samson, le plus fort des juges, a embrassé la
» principale colonne de cette maison et l'a soutenue
» tout entière par un grand miracle, car aucune pierre
» ne s'est détachée de la voûte ; le milan n'a pas en-
» levé un seul de tes poussins ; le voleur n'a pas ven-
» dangé dans ta vigne, car tu as donné aux tiens l'é-
» gide de ton courage, ta foi et ton zèle pour le
» Seigneur. »

La haute considération dont Jean Standonc était en-
vironné et la popularité dont il jouissait forcèrent le
roi à le rappeler de l'exil un an après.

Les souverains de l'Europe invitaient quelquefois
l'université de Paris à sanctionner leurs traités de
paix. L'empereur Maximilien, dans celui qu'il conclut
avec Louis XI, en 1483, exigea la garantie de l'université. Le nombre de ses élèves était alors de 25,000,
si l'on en croit les historiens du temps. Les guerres
d'Italie, sous Charles VIII et sous Louis XII, mirent
la France en contact avec un peuple dont l'intelligence
était plus cultivée ; et, sous ce rapport, nos études en

profitèrent. Les priviléges de l'université avaient été
sanctionnés par les états-généraux de 1484, tenus à
Tours ; mais l'extension de l'autorité royale vint porter
ombrage à ce corps, dont l'influence et le crédit avaient
été jusque-là si puissants. Sous Louis XII, nous venons
de voir le dernier exemple de la cessation des cours,
moyen dont l'université avait souvent usé pour faire
redresser ses griefs.

V.

QUINZIÈME ET SEIZIÈME SIÈCLES. — Maître François Villon. — Les
Repues franches. — Mœurs des étudiants. — Pierre Faifeu. -
Les mystères et les diableries. — La Basoche. — Les *Enfants sans
souci.* — *L'Empire de Galilée.* — Premiers essais de théâtre.
— Où Rabelais a pris ses types. — Les pantagruélistes.

C'est dans l'œuvre du poëte le plus original du
xve siècle, François Villon, et dans le recueil des
Repues franches qu'on retrouve la physionomie intime
de Paris écolier et la peinture exacte des mœurs des
étudiants de cette époque.

François Villon, qui s'appelle lui-même le *povre escolier*, n'est point comme Charles d'Orléans, un élève
de Valentine de Milan ; non, car il n'a d'autre cour
qu'une bande d'écoliers faméliques dont les étourde-
ries lui servent de leçons, et, pour son propre compte,
il a été formé à la terrible école de la misère et des
faiblesses qu'elle traîne à sa suite. Sa muse vagabonde
immortalise la *blanche savatière* et la *gente saulcissière*
du coin de la rue. Ce n'est pas lui que Rabelais appellera un abstracteur de quintessence, car il peint sur
nature avec l'audace d'un maître. Dans son œuvre, on
voit s'agiter et vivre un monde contemporain. Son
théâtre, le lieu favori de ses exploits, est le Pont-à-
Billon (Pont-au-Change) ; ses acteurs sont les jeunes
perrucats, les beaux d'alors qui portaient perruque, les
héritiers des farces de Pathelin qui savent à fond l'argot des charlatans, le *jargon jobelin*, les crocheteurs,
les queux et les mendiants, les baladins, les turlupins
et turlupines, c'est-à-dire le pauvre monde, la *compagnie de pauvreté* qui gagnait sa vie en chantant des
turelures ou fariboles, gens un peu suspects, dont
quelques-uns furent brûlés comme hérétiques. Voilà
la mise en scène de son épopée ; c'est dans ce spectacle toujours remuant et toujours nouveau qu'il puise
ses inspirations. On sent qu'il donne cette scène de
toute la hauteur de son génie :

> Tous les subjects François Villon
> Soyez à ce coup réveillés !...

Mais il place au premier plan ceux qui sont les plus
chers à son cœur, les clercs et « nouveaulx advocats
apprenant aux despens d'aultruy et surtout les gallans
à pourpoincts sans manches. » Les *Repues franches*,
qu'on pourrait appeler à juste titre la *Villoniade*, nous
apprennent qu'il est reconnu roi de la bohême écolière.

Le préambule des *Repues franches*, ou l'art de vivre
sans avoir un sou vaillant, est un éloquent appel
adressé à l'estomac des joyeux *compagnons de sainte
souffrète*, qui sont condamnés à emporter d'assaut
l'existence, à la conquérir à force d'expédients. Leur
rendez-vous est près du Pont-à-Billon, au cabaret du

Plat-d'Etain. Les sujets de maître Villon s'y pressent en foule.

> Tous gallans à pourpoints sans manches
> Qui ont besoin de repues franches,
> Et tous coulx, tant yver qu'esté,
> Qui en ont grant nécessité,
> Venez; vous apprendrez comment
> Les maîtres anciennement
> Sçavoient bien de ce tous les tours.....

Mais il y a deux parties bien distinctes dans le récit de ces bons tours; celle qu'on livre à l'intelligence du commun des martyrs et qui est écrite dans la langue du temps. L'autre, au contraire, composée en style d'argot, doit être soigneusement cachée aux profanes; il n'y a que les initiés dans l'art de la pince et du croc qui puissent y démêler quelque chose. Ce livre mystérieux renferme une précieuse didactique, un traité succinct, mais complet, des moyens d'empaumer ces affreux taverniers et d'en tirer toute espèce de revenant-bon.

Le génie famélique qui a conçu le plan des *Repues* déclare sincèrement que : « connoissant les hauts et les bas, » il s'est mis en quatre pour découvrir *les fictions qui se font souvent à Paris* et décrire les ressorts cachés de ces existences dites aujourd'hui *existences problématiques*. Or, notre chercheur de mœurs, n'ayant ni sou ni maille, se réjouit d'avoir à commencer ses exploits par la bonne ville de Paris,

> Pour ce que chascun maintenoit
> Que c'estoit la ville du monde
> Qui plus de peuple soustenoit,
> Et où maint estranger abonde
> Pour la grant science parfonde
> Renommée en icelle ville,

Ce qui veut dire que la capitale renfermait alors beaucoup d'étudiants (on en comptait, en effet, *plus de cent mille à cette époque*), et qu'ils s'y livraient surtout à l'étude du « gai sçavoir, » à la « gente science » de bien vivre sans avoir de la monnaie en poche.

Voici venir un beau fils tout brillant d'audace et de jeunesse, dont le courageux appétit ne connaît point d'obstacles, tant il est robuste! — Comment loger et comment souper?..... Grave question à résoudre quand on est léger d'argent. Bah! le hasard est un grand maître qui le pousse tout droit devant lui; il ne permettra pas qu'il couche à l'auberge de la belle étoile. O bonheur! une enseigne se présente à ses yeux; le feu pétille à travers les vitres et lui présage une douce hospitalité. Il entre avec aplomb. Or, la confiance ne s'établit pas si vite, et il ne s'est pas plutôt présenté que l'hôtelier le regarde d'un œil habitué à distinguer la bonne monnaie de la fausse. Déjà il a sondé le vide de la bourse à travers les trous du vêtement; il invite le nouveau venu, avant de lui rien servir, à laisser en gage l'épée qu'il porte. Juste défiance dont notre gaillard se vengera plus tard en dressant un plan de guerre contre tous les taverniers.

A quelque temps de là (toujours suivant le récit), notre novice se promenant au Palais, y rencontre plusieurs mignons d'étrange sorte avec lesquels il lie connaissance. Ce sont clercs et écoliers de toutes les nations qui sont venus à Paris pour apprendre à manger leur argent; après quoi, n'en ayant plus, ils ont cherché le meilleur procédé pour vivre sans trop tirer, — comme dit le proverbe, — le diable par la queue.

Ici l'apprenti bohême commence le traité des *Repues*

franches par un récit des tours de maître François (Villon), qui était, à ce qu'il paraît, passé docteur en la matière. Il laissait loin, bien loin derrière lui, ses émules, si l'on en peut juger par ce qu'on va voir.;

Accourez, jeunes clercs qui avez les dents longues et qui êtes à court de billon: profitez des leçons de votre maître, car voici son évangile. Attention!

« Vous n'avez ni or, ni argent, ni gage..... Comment faire grande chère? Il faut chercher la manière de vivre mieux et davantage. Trouvons quelqu'un pour nous repaître; qui le fera sera grand maître. » Ainsi parlaient les compagnons du bon maître François Villon, *qui n'avoit vaillant deux oignons*. Il leur dit : « Ne nous soucions, car aujourd'hui, sans nul défaut, pain, vin et viande à grand'foison vous aurez avec du rôt tout chaud. »

Maître François demanda d'abord à ses compagnons quelle viande ils voulaient manger. L'un désira de bon poisson et l'autre de la chair. « Ma foi, dit maître François, ce n'est pas l'embarras, nous aurons toujours assez de viande; seulement, lâchez vos pourpoints. » Alors, laissant un moment ses compagnons par de là les ponts, il vint d'un air mélancolique à la poissonnerie et y marchanda le prix d'un panier plein de poisson, comme fait un homme de grande façon. Maître François se dépêcha d'acheter, non pas de payer, et dit qu'il donnerait tout comptant au porteur du panier. Celui-ci part avec lui. En passant par Notre-Dame, maître François avise le grand pénitencier, qui confessait homme et femme, et lui montrant le porte-panier : « Dépêchez-vous, monsieur, lui dit-il, de me confesser ce neveu, il en a grand besoin : il est bien malade, car il ne parle que d'argent. — Très volontiers, » dit le pénitencier. Alors, maître François se tournant vers son homme, lui prit le panier des mains et lui dit de s'arranger avec le saint prêtre. Le marchand attendit; mais au bout de quelque temps il pria le pénitencier de le dépêcher. « Je le veux bien, dit celui-ci, récitez d'abord votre *Confiteor*. — Me confesser? dit le pauvre homme, j'ai reçu l'absolution à Pâques. Je vous demande cinquante sous pour mon panier de marée. « A quoi le pénitencier vit bien qu'il y avait tromperie et qu'il était dupe. Pour le pauvre homme, il n'eut ni or, ni argent de son poisson. — Voilà comment maître François trouva la manière d'avoir marée à grand'foison pour gaudir et faire grand'chère.

A ce récit, des larmes de tendresse coulent des yeux du poëte chroniqueur; dans sa naïve admiration pour le génie de maître François, il finit par s'écrier :

> C'estoit la mère nourricière
> De ceulx qui n'avoyent point d'argent, —
> A tromper devant et derrière
> Estoit un homme diligent.

Le pain manquait. Maître François s'en vint chez un boulanger, et, contrefaisant le maître d'hôtel, il commanda une fournée de cinq à six douzaines de pains, dont il exigea de suite la moitié. Puis, il la fit mettre dans une hotte, en priant le maître de lui procurer un varlet pour la porter. Arrivé près d'une grande vieille porte, il déchargea la hotte et commanda au varlet d'aller querir l'autre moitié du pain. Mais il eut beau revenir, maître François n'attendit pas son retour; et le boulanger en fut tout bête et tout chagrin.

Ce n'étoit pas tout que d'être fourni de vivres; il fallait boire. Comment faire? Maître François, sans rien dire, emprunte deux grands brocs de bois, emplit l'un de belle eau claire et s'en vient au *Trou de la*

Pomme de Pin. Il demande si on a du meilleur et du plus fin vin à lui mettre dans ses brocs; il demande qu'il soit *blanc* et *amoureux.* On lui remplit un broc de très bon vin blanc de Bagneux. Après quoi il regarde et demande très posément au varlet : « Quel vin est ceia? — Du vin blanc de Bagneux. — Otez cela, car je n'en veux pas, ma foi! Je demande du vin de Beaune, qui soit bon et non autrement. »

Et tout en parlant il enlève subitement le broc plein de vin blanc et le troque aussitôt contre le broc plein d'eau qu'il met à la place. Le varlet vide le broc qu'il croit plein de vin de Bagneux et le remplit de vin de Beaune.

C'est ainsi qu'ils eurent de quoi boire à cœur joie. Mais le beau jeu fut à souper, quand maître François leur dit en deux mots : « Je veux que nous mangions aujourd'hui du rôt. »

Il fut convenu que maître François irait marchander de la chair à l'étal d'un rôtisseur, et que pendant qu'il débattrait le prix, un de ses compagnons surviendrait comme un intrus et lui baillerait sur la joue. Qui dit fut fait; maître François vint à la rôtisserie, et tandis qu'il marchandait un superbe morceau qu'il avait pris à même de la broche, son complice fondit sur lui en disant : « Qu'est-ce que ce paillard demande? » et il lui donna un soufflet. Maître François, sans lâcher le morceau tout embroché, se mit à courir après lui, comme pour le rattraper, mais le rôtisseur ne revit ni le marchandeur ni la marchandise.

Et nos joyeux compagnons eurent ainsi pain, vin, chair, poisson et rôt.

Un des côtés vraiment saillants de la vie des étudiants au xve siècle se révèle dans la *Repue franche des gallans sans soulcy.*

(La scène se passe au cabaret du Plat-d'Etain.) On a bu tout son soûl, et le vin blanc de Bagneux a largement coulé. Le quart d'heure fatal, qu'on appellera plus tard le quart d'heure de Rabelais, a sonné. Que faire?... qui paiera cette repue de Lucullus, *epulæ epularum!* Silence! voici le garçon de l'hôte. Encore une fois, qui va payer?... — Tous! tous! s'écrient-ils, et chacun fait mine de fouiller à l'escarcelle. Nos compagnons feignent l'embarras; et, pour trancher la difficulté, on propose de bander les yeux à l'un des assistants, et le premier qu'il touchera soldera le total de la dépense. L'idée semble ingénieuse; on la salue par de grands cris de joie. Aussitôt on se dispute à qui se fera bander les yeux. Le garçon, qui a intérêt à ce que tout se passe sans querelle, s'offre de lui-même comme patient, et tous les compagnons de se frotter les mains et de se désopiler la rate. Ils bandent les yeux au malheureux et se faufilent aussitôt dehors, les uns après les autres. Le garçon a beau tendre les mains, il tâtonne dans le vide et s'impatiente, quand l'hôte survient, et le garçon l'étreint fortement, en s'écriant avec un soupir de satisfaction : « C'est à vous de payer l'écot. »

Il est présumable que la plupart de ces *Repues* étaient la consécration d'un usage qui s'est perpétué jusqu'à nos jours, parmi les clercs, sous le nom de *repas de bienvenue.* La coutume est d'en conserver le souvenir dans un récit écrit en termes burlesques, souvent même en latin de cuisine, sur un registre *ad hoc* auquel on procure, par des moyens artificiels, une teinte d'antiquité, afin de donner à croire au néophyte, dupe de cette plaisanterie, que la succession des actes plus ou moins excentriques qui s'y trouvent consignés se rattache aux temps les plus reculés. Il ne faut donc voir, dans ces farces hyperboliques, que l'origine d'une *charge* qui se pratique encore aujourd'hui dans les

études d'avoués ou de notaires. C'est ainsi qu'un de nos contemporains, Honoré de Balzac, qui s'est appliqué à peindre en observateur notre siècle, nous a laissé, avec des détails identiquement semblables, la description d'un repas entre clercs d'avoués. La particularité du registre y est surtout rapportée avec soin. Cet épisode se trouve dans le roman intitulé : *Un Début dans la vie.*

Du reste, les vers suivants, qui arrivent à la fin de la chronique d'une repue, ont quelque rapport avec la forme de rédaction usitée dans ces actes qui sont comme les archives de la gaieté basochienne :

> Et pour la première repue,
> Dont après sera mention,
> Bien digne d'être ramentue (remémorée),
> Est mise en révélation,
> Et pourtant sans correction,
> *Afin que l'on en parle encore*
> *Comme nouvelle invention*
> *Rédigé sera par mémoire.....*

Plus on lit les *Repues franches*, plus on reste convaincu qu'elles ne sont autres que des récits de farces vraies ou fausses. Si l'on conservait quelque doute à cet égard, il suffirait de s'arrêter à la repue faite auprès de Montfaulcon, où l'on raconte que des écoliers se déguisèrent en diables pour enlever à leurs camarades les ribaudes qu'ils avaient emmenées avec eux et les gigantesques pâtés dont ils s'étaient pourvus.

Une aventure drolatique se produisait-elle, vite on s'en emparait pour broder dessus un thème plus ou moins gai; on la répétait dans les festins pour les égayer, plus souvent pour payer son écot :

> .... Celui qui fera
> De cette repue le présent,
> De l'écot s'en yra exent.

Il est possible que maître François, le père de ce genre de facéties, ait composé quelques-unes de ces sortes de légendes, mais il serait absurde de lui attribuer, comme on l'a fait, tout le recueil des *Repues franches.* Cette œuvre est avant tout une gueuserie épique à l'honneur de notre poëte, et sa forme générale indique suffisamment qu'il ne peut en être à la fois le héros et l'auteur. Or, de pareils exploits ne sont pas sans péril, surtout à cette époque. Ce cher fils,

> Au demeurant le meilleur fils du monde,
> Sentant la hart de dix lieues à la ronde,

frisa de très près la potence. On n'a jamais su pour quel méfait. Il fut d'abord enfermé dans les prisons du Châtelet; après quoi, probablement sur une récidive, il fut condamné à être pendu avec quelques compagnons. La perspective peu agréable de ce genre de supplice, loin de l'abattre, excite chez lui un redoublement de gaieté. Il n'a pas de temps à perdre, c'est pourquoi il se met philosophiquement à composer son épitaphe. Il rit par avance de la sotte figure que ses compagnons et lui feront quand ils seront attachés au gibet : « Lavés par la pluie, desséchés et noircis par le soleil, les pies et les corbeaux mangeront les yeux et arracheront la barbe et les sourcils. Pas un instant en place! Le vent prendra plaisir à *charrier* leurs squelettes. Becquetés par les oiseaux, ils seront plus picotés que des dés à coudre. Hommes, ajoute-t-il, n'usez ici de moquerie, mais priez Dieu qu'il veuille tous nous absoudre! » Est-il probable, après cela, que maître François ait adressé une demande en grâce au parlement et au roi? Le moins incertain en tout ceci est qu'il était détenu vers 1461 dans la prison de Meung-sur-Loire, et que Louis XI, dans un voyage qu'il fit en Touraine peu de temps après son avénement, ordonna qu'il fût délivré.

Rabelais raconte que Villon étant allé en Angleterre, fut très recherché du roi Edouard, qui l'admit dans sa plus grande intimité. Il était en si bonne odeur près du souverain que celui-ci ne lui cachait rien « des menus négoces de sa maison. » Un jour que Sa Majesté était en belle humeur, il lui prit envie d'une fanfaronnade : elle conduisit son nouveau favori dans un certain lieu où force est aux rois d'aller comme les autres hommes. Là, elle lui montra les armes de France peintes sur le mur, et lui dit avec affectation que c'était là leur véritable place. « Et vous avez pardieu raison d'en agir ainsi, lui repartit maître François ; c'est sans doute par ordre du médecin que vous les avez fait peindre ici ; la peur relâche, et vous n'aurez pas si loin à aller. »

La repartie était sanglante ; le roi ne la pardonna pas au poëte qui s'empressa de revenir dans sa patrie. C'est cette injure qui lui inspira, sans doute, l'énergique ballade où il crie anathème contre celui

> Qui mal voudroit au royaume de France.

A celui-là il souhaite le plus affreux malheur, quelque chose comme ce qui arriva à Pentheus, infortuné roitelet grec, qui fut dépecé et mangé par sa propre famille.

Il témoigne une éternelle reconnaissance au bienfaiteur qui lui a sauvé la vie, au *bon Loys*, à qui il souhaite la prospérité de Jacob, la gloire de Salomon, douze beaux enfants tous mâles. Il lui prédit enfin le paradis, et, en attendant, une vie aussi longue que celle de Mathusalem, prédiction la plus agréable qu'on pût faire à Louis XI.

Dans son testament le poëte nous fait ses confidences et nous initie à ses habitudes, celles de la plupart des écoliers, avec les filles de mauvaise vie. La passion l'emporte ; mais il en tire cette morale :

> Ordure avons, et ordure nous suyt :
> Nous defuyons l'honneur, et il nous fuyt
> En ce b. ... où tenons notre état.

Il nous mène chez Marion l'Idolle, une ribaude, afin de donner une leçon aux *enfants perdus*, pour qu'ils soient *retrouvés*. — S'il raconte ses fredaines suivies de repentir, il semble que ce soit pour montrer le piége à ses gentils amis, les *escolliers*. S'il raconte ses passetemps chez Jehanne de Bretaigne ou chez Marion, c'est pour dépouiller à une son imagination des illusions qui l'ont égarée ; c'est là, dans les mauvais lieux, qu'il veut conduire les *enfants perdus* pour leur montrer la hideuse prostitution sous les appeaux dont elle s'entoure. — L'antidote à côté du poison :

> Beaux enfants, vous perdez la plus
> Belle rose de votre chapeau,
> Mes clercs apprenans (attachants) comme glu...
>
> Ce n'est point au jeu de trois mailles
> Où va corps et peut estre l'âme :
> S'on perd, rien n'y sont repentailles
> Qu'on ne meurt à honte et diffame ;
> Et qui gaigne n'a pas à femme
> Dido la royne de Cartage.....
> L'homme est donc bien fol et infame,
> Qui, pour si peu, couche tel gage.....

Et, à la fin de la dernière strophe :

> Jamais mal acquest ne proffite.

Villon peignait d'un seul trait les étudiants de son temps, quand il leur disait : « Vous porterez tout votre acquit, jusqu'à votre dernier vêtement,

> Tout aux tavernes et aux filles.

Puis, vient le chant du repentir. La réflexion arrive avec l'âge. Voici le fond de cette ballade où Villon pleure ses péchés de jeunesse :

« Pour Dieu, si j'eusse étudié au temps de ma jeunesse folle, j'aurais eu de bonnes mœurs, j'aurais maison et couche molle ; mais quoi? je fuyais l'école, comme fait le mauvais enfant ; en écrivant cette parole, encore un peu mon cœur se fend.

» J'ai trop justifié le conseil du sage qui dit : Réjouistoi, mon fils, car jeunesse et adolescence ne sont qu'abus et ignorance.

» Mes jours, selon le dire de Job, s'en sont allés comme les fils d'une toile, quand le tisserand les passe à la flamme d'une paille ardente...

» Où sont les gracieux galants que je suivais au temps jadis, si bien chantants, si bien parlants, si plaisants en faits et en dits? Les uns sont morts et raidits, reste-t-il rien d'eux maintenant? Ont-ils répit en paradis? Dieu sauve les survivants !

» Les uns sont devenus, Dieu merci ! grands seigneurs et maîtres, les autres mendient tout nus, et ne voient de pain qu'aux fenêtres...

» O temps de ma jeunesse! temps que je regrette ! temps que j'ai plus dépensé qu'aucun autre ; il s'est enfui à mon insu :

> Il ne s'en est à pied allé
> Ni à cheval?... soudain, s'est envolé...

me laissant pauvre de biens et de savoir, triste et découragé et plus noir qu'une mûre. — Le dernier de ma famille se vante de me désavouer et oublie naturel devoir, tout cela, *tout cela par faute d'un peu de cherance.* »

> Bien est-il vray que j'ai aimé
> Et que aymerois volontiers ;
> Mais triste cœur, ventre affamé,
> Me ôte des amoureux sentiers...

Ce qui revient à dire que celui-là seul peut jouir, qui n'est pas obligé de chercher sa vie ; ou bien encore : Ventre affamé n'a pas d'amour. — Après quoi il lance cet axiome d'une crudité adorable :

> *Car de la panse vient la danse.*

Autant François Villon se montre prompt au dithyrambe contre le riche insolent, autant il a des trésors de tendresse infinie pour tout ce qui touche au malheur. En même temps, sa folle gaieté revêt alors une expression à la fois ironique et charmante.

Une fois entre autres, il s'agit de trois orphelins, de trois déshérités, Colin Laurens, Girard Gossoyn et Jean Marceau, trois petits enfants presque nus, dénués comme le ver, sans biens ni parents, « n'ayant vaillant l'anse d'un seau. » Ici, il cesse de léguer, il ordonne

François Villon regardant le gibet de Montfaucon.

qu'on les habille au moins pour passer l'hiver. Il leur donne, en attendant, quatre blancs, c'est-à-dire un sou, « pour qu'ils puissent manger un bon morceau, ces enfants, quand il sera vieux. »

Maître François avait été présenté par l'université de Paris comme méritant des bénéfices, à titre d'écolier distingué. On ne lui adjugea rien. Cette bonne aubaine fut pour lui l'occasion d'une farce. Il s'empresse de déclarer, par son testament, que voulant procurer une existence honnête à Guillaume Cotin et à Thibault de Vitry, deux pauvres clercs parlant latin, un peu tapageurs, mais chantant bien au lutrin, il leur laisse sa nomination, *qu'il tient de l'université.*

Plus tard, il se sent pris de pitié en pensant à ses *pauvres clergeons* qui ne sont pas heureux, quoique jeunes. Il veut s'employer à leur procurer des bourses au collège des Dix-huit Clercs, établissement voisin de Notre-Dame, vis-à-vis l'Hôtel-Dieu, où l'on recevait les étudiants pauvres.

Nous n'avons tant insisté sur certains détails relatifs à Villon que parce qu'ils sont généralement ignorés, aucun écrivain ne s'étant préoccupé de ce type, à la fois léger et profond, qui résume à lui seul une société et une époque. Il rentre parfaitement, du reste, dans notre sujet.

Villon, retiré sur ses vieux jours à Saint-Maixent, entre Poitiers et Angers, se mit à composer des scènes de théâtre qu'il s'amusa à faire jouer. Eloy Damerval dit, en effet, de lui, dans sa *Diablerie : « Qu'à farcer se délectoit. »* Il fonda ainsi une école de jovialité dont la tradition s'est perpétuée. Les *Repues franches* eurent des imitateurs qui dépassèrent tout ce qu'on peut imaginer en fait d'excentricités. Il excellait à jouer le rôle du diable dans les *Mystères*, et Rabelais, s'il faut s'en rapporter à lui, raconte comment il se vengea cruellement de frère Etienne Tappecoue, sacristain de l'abbaye de Saint-Maxent, qui avait refusé à la troupe diabolique une chappe et une étole pour composer un costume à Dieu le Père. L'infortuné Tappecoue, qui était allé à la quête, fut assailli par les acteurs, « caparaçonnés de peaux de loups, de veaux et de brebis, passementés de têtes de moutons, de cornes de bœufs et de grands havets de cuisine, ceints de grosses courroies auxquelles pendaient de grosses cymbales de vaches et sonnettes de mulets, tenant en mains aucuns bâtons tous pleins de fusées, autres portant tisons allumés. »

Procession d'étudiants et de moines aux Prés-aux-Clercs.

La jument, effrayée des hurlements, des cymbales et des artifices, s'enfuit à travers champs, et frère Tapperoue, qui tomba le pied droit entortillé dans l'étrier, fut traîné à *écorche-cul* par les haies, buissons et fossés, et mis en pièces, tellement que la jument ne rapporta au couvent que le pied droit et le soulier du sacristain. — Là-dessus Villon dit à ses diables : « Vous jouerez bien, messieurs les diables, vous jouerez bien, je vous affie, ô que vous jouerez bien! »

Le continuateur direct de Villon fut Pierre Faifeu, écolier d'Angers, qui se fit le boute-en-train de la basoche et qui profita ainsi des leçons de son maître.

Il est resté de lui la *Légende de maître Pierre Faifeu* qui, en matière de récits fabuleux de débauches, renchérit sur tout ce qu'on avait vu jusque-là. La mort de Pierre Faifeu est encore plus singulière que sa vie. On raconte que, ayant interrompu ses habitudes d'écolier viveur pour se marier, il mourut de mélancolie quelques jours après son mariage.

Il est évident que nos deux héros, François Villon et Pierre Faifeu, ont inspiré les deux types immortels de Panurge et de Pathelin.

De leur tradition développée par la littérature du temps est née cette foule de confréries d'écoliers qui se formèrent sous différents noms.

De joyeux compagnons s'appelant eux-mêmes *Enfants sans souci*, s'ingèrent de parodier sur des tréteaux les vices et les ridicules du vulgaire. Pour eux, le genre humain est une mine féconde en plaisanteries; aussi désignent-ils l'humanité sous le nom de *sottise*; de là, le nom de *Sotties* ou *Sottises* qu'ils donnaient à leurs compositions. Leur chef portait le titre de *Prince de la sottise* ou *des sots*. A côté d'eux existaient les *Confrères de la Passion*, qui prenaient plaisir à mettre en scène des sujets religieux, des *Mystères*.

Les clercs de procureurs formèrent, sous le nom de *Basoche*, un petit royaume de Cocagne avec sa juridiction, sa hiérarchie, ses coutumes et ses fêtes. Ils jouèrent des moralités et des farces, ce qui leur attira bientôt des démêlés avec les *Enfants sans souci*. Ils entrèrent enfin en négociations, et le prince des sots concéda au roi de la Basoche le droit d'empiéter sur sa spécialité, et réciproquement.

La sottise a devancé, par son genre caustique, le

conte philosophique et le pamphlet. Marmontel cite comme la plus ingénieuse des sotties celle où l'*Ancien-Monde*, déjà vieux, s'endort de fatigue et laisse pleine carrière à *Abus*, écolier espiègle qui va délivrer tour à tour de leur prison un homme d'église nommé *Sot dissolu*, un homme d'épée appelé *Sot glorieux*, etc., etc... La magistrature, l'église et l'armée sont passées au fil de la raillerie. Le roi lui-même n'est pas épargné. A la fin de cette sottie arrive une troupe jeune et joyeuse qui se met à tondre le vieillard qui représente l'Ancien-Monde.

La cour romaine est surtout parodiée dans une pièce qui fait allusion à la pragmatique sanction. Un personnage qui remplit le rôle de *dogme pragmatique* s'y trouve aux prises avec un légat du pape. L'intérêt finit par s'attacher à la pauvre opprimée. Les personnages DROIT et RAISON ne manquent pas d'accourir à ses cris de détresse et de lui porter secours.

N'avons-nous pas lieu, nous qui nous prétendons enfants d'un siècle de progrès, d'être étonnés, en retrouvant cette philosophie et cette hardiesse en plein seizième siècle?... — Mais ce n'est pas tout, voyons encore :

Au mardi gras de 1511, on voit figurer dans le prologue d'une farce un personnage nommé *Mère sotte*, qui représente l'Eglise, dont il porte les attributs. On joue ensuite une moralité intitulée l'*Homme obstiné*. Le sujet est significatif. Ce nouveau venu aime à faire et à défaire les rois, à braver ciel et enfer. A la fin de la pièce, toute la troupe qui l'accompagne est menacée des peines éternelles. Chaque personnage voit ses péchés dans un miroir. Tout le monde se convertit et se confesse ; tout le monde, excepté l'homme obstiné qui persévère dans l'impénitence et qui meurt en riant ; mais auparavant, on se décide en vain *à le réduire par la force*.

Clément Marot, que ses parents destinaient à la chicane, ennuyé de ce métier pour lequel il n'avait point de vocation, se dédommagea en montant à quinze ans sur les tréteaux des enfants sans souci. A l'exemple de Villon, il fit connaissance avec le Châtelet à deux reprises différentes ; la première, parce qu'il était soupçonné d'hérésie ; la seconde pour avoir enlevé un prisonnier aux gens du guet.

Comme on cherchait à tracasser les sans-souci et les basochiens, le jeune Marot adressa une supplique à François Ier. Le parlement, qui n'aimait pas ces représentations où plusieurs de ses membres étaient traduits sur la scène, les interdit souvent, sous peine de bannissement et de confiscation de biens.

On se plaignait à Louis XII de la licence de ces pièces, il répondit : « Je veux qu'on les joue en liberté, et » que les jeunes gens déclarent les abus qu'on fait à » ma cour, puisque les confesseurs et autres qui font » les sages, n'en veulent rien dire : pourvu qu'on ne » parle pas de ma femme, car je veux que l'honneur » des femmes soit gardé. » A la mort de ce roi (1516), le parlement fait défense aux étudiants comme aux basochiens *de jouer farces et comédies dans lesquelles il serait fait mention des princes et princesses de la cour.*

La vérité est que Louis XII était, au fond, très contrarié de ce qu'on avait joué une farce composée exprès sur son avarice. Le personnage du roi y paraissait malade, pâle, la tête enveloppée, les pieds dans des pantoufles, et couvant des yeux un vase plein d'or potable.

Ce monarque fit don de quinze livres tournois, à titre d'encouragement, à Gilbert d'Asnières, empereur de Galilée. Le *haut et souverain empire de Galilée* était une association rivale fondée par les clercs de la cour des comptes, tandis que la *Basoche* était composée des clercs du parlement. Les galiléens, bizarrement costumés, faisaient des montres à cheval par la ville, au son d'une musique triomphale. La veille du jour des Rois, ils portaient des gâteaux à la fève aux gens de la cour des comptes. Henri III, effrayé plus tard de la puissance de la Basoche, qui comptait dix mille clercs, révoqua le titre de roi de Basoche, et ne laissa subsister que la royauté de la fève.

Les armoiries de la Basoche étaient un écusson chargé de trois écritoires, surmonté d'un casque et supporté par deux jeunes filles nues à longue chevelure. Trois écritoires ! « Oh ! s'écrie Mercier, l'auteur philosophe du *Tableau de Paris*, quel fleuve dévorant, semblable aux noires eaux du Styx, sort de ces armes parlantes, pour tout brûler et consumer sur son passage ! Quoi ! Montesquieu, Rousseau, Voltaire et Buffon ont aussi trempé leur plume dans une écritoire ! et l'huissier exploitant et l'écrivain lumineux se servent chaque jour du même instrument ! »

La censure fut créée en 1538 contre les sans-souci et les basochiens. Le parlement fit signifier aux comédiens l'ordre de remettre à la cour le manuscrit des pièces quinze jours avant la représentation, et de retrancher, en jouant, les passages censurés, sous peine de prison et de peine corporelle. Deux ans plus tard, il y eut un redoublement de rigueur ; les délinquants furent menacés de la peine du *hart*.

En dépit de ces périls, ou plutôt à cause de ces persécutions, les associations de la Basoche et des enfants sans souci se perpétuèrent jusqu'au XVIIe siècle. Mais bientôt, n'ayant plus leur raison d'être, elles ne se produisirent qu'exceptionnellement, au temps de carnaval.

La politique et la philosophie s'emparèrent alors du procédé plus rapide de la presse, sous la forme du conte, de la satire, de la chanson et du pamphlet, tandis que le théâtre étendait son influence spéciale.

Déjà, au XVIe siècle, d'intrépides écoliers avaient essayé la tragédie avec un courage qui tient de l'héroïsme. Le nombre des ouvrages qu'ils ont produits est effrayant. Jodelle composa ses pièces à vingt ans, Jacques de La Taille à dix-huit, Grévin à vingt-deux, La Péruse à dix-neuf. Aussi ne survécurent-ils pas à tant d'efforts ; tous ont succombé à la peine et ont été dévorés avant l'âge. Jodelle, dont la réputation contrebalança celle de Ronsard, et qui semblait à Etienne Pasquier plutôt un démon qu'un homme, tant sa verve était intarissable et sa facilité incroyable, mourut de douleur et de faim, après être tombé dans la disgrâce de Henri II, dont il préparait les divertissements.

Le génie de Rabelais et de plusieurs écrivains du XVIe siècle s'est inspiré de la vie des étudiants au siècle précédent, des types et des farces dont nous venons de parler. Il n'y a point à s'y méprendre. Ouvrons, par exemple, dans *Pantagruel*, le chapitre qui traite des mœurs et conditions de Panurge :

« Panurge était de stature moyenne, ni trop grand ni trop petit, et avait le nez un peu aquilin, fait à manche de rasoir, et pour lors était de l'âge de trente-cinq ans ou environ, fin à dorer comme une dague de plomb, bien galant homme de sa personne, sinon qu'il était quelque peu paillard, et sujet de nature à une maladie qu'on appelait en ce temps-là

Faute d'argent, c'est douleur sans pareille.

» Toutefois il avait soixante-trois manières d'en

trouver toujours à son besoin : dont la plus honorable et la plus commune était par façon de larcin furtivement fait ; malfaisant, pipeur, buveur, batteur de pavés, ribleur s'il en était à Paris ;

Au demourant, le meilleur fils du monde ;

» Et toujours machinoit quelque chose contre les sergents et contre le guet. A l'une fois, il assembloit trois ou quatre bons rustres, les faisait boire comme templiers sur le soir, après les menait au-dessous de Sainte-Geneviève ou auprès du collége de Navarre, et à l'heure que le guet montait par là (ce qu'il connaissait en mettant son épée sur le pavé et l'oreille auprès, et lorsqu'il sentoit son épée branler, c'était signe infaillible que le guet était près), à l'heure donc, lui et ses compagnons prenaient un tombereau et lui bailloient le branle, le ruant de grande force contre la vallée, et ainsi mettaient tout le pauvre guet par terre, comme porcs ; puis, fuyaient de l'autre côté ; car, en moins de deux jours, il sut toutes les rues, ruelles et traverses de Paris, comme son *Deus det* (ses grâces) .. »

(Suit le récit d'une foule d'autres tours dans le goût de ceux racontés plus haut.)

Un sentiment plus moderne, dû à la profonde intuition de Rabelais, s'accuse dans le fameux chapitre des detteurs et des emprunteurs. Ponocrate, s'adressant un jour à Panurge, lui fait cette plaisante question : « Ohé ! l'ami, quand paieras-tu tes dettes ? — Pardieu ! aux calendes grecques,... » répond philosophiquement Panurge. — Là-dessus Panurge — ou plutôt Rabelais — entonne un chant dithyrambique sur un monde idéal *auquel un chacun preste, un chacun doive.* « Tous soient detteurs, tous soient prêteurs... Oh ! quelle harmonie sera parmi les réguliers mouvements des cieux ! Quelle sympathie entre les éléments ! Oh ! comment nature s'y délectera entre ses œuvres et productions ! Cérès, chargée de blés, Bacchus de vins, Flora de fleurs, Pomona de fruits... Je me perds en cette contemplation. Entre les humains, paix, amour, délection,... nul procès, nulle guerre, nul débat. Vrai Dieu ! ce sera l'âge d'or... O monde heureux ! il m'est avis que j'y suis ..»

Admirable philosophie, et consolante ! entée sur un sujet, qui est le fond de la plaisanterie de cette époque, le débat du créancier et du débiteur, qui est resté encore depuis l'éternelle ressource de la comédie.

Qu'on ne s'y trompe pas ! le FAY CE QUE VOULDRAS de l'abbaye de Thélème est le mot d'ordre d'un parti philosophique représenté par Rabelais, Etienne Dolet, Bonaventure Despériers, Clément Marot, Maurice Sève, Lyon Jamet, et de plusieurs esprits éminents qui les approchaient. Le pape de Genève, Calvin, qui détestait Rabelais, a été son antithèse, comme Jordano Bruno a été celle de Villon. Les philosophes pantagruélistes étaient surveillés comme novateurs. Rabelais lui-même dit, sous le couvert des sorbonnistes, « *que la foy est argument des choses de nulle apparence* » (*Gargantua,* ch. VI.) Ses meilleurs amis n'échappèrent pas à la persécution. Etienne Dolet fut brûlé à la place Maubert en 1543 ; Bonaventure Despériers, accusé de luthéranisme, se jeta sur la pointe de son épée, afin de se soustraire à un procès criminel *de religion,* en 1544 ; Clément Marot, exilé une fois, emprisonné une autre, trouva son salut dans la fuite, coupable qu'il était d'avoir traduit en français les psaumes de David, que Goudimel avait mis en musique pour l'Eglise de Genève.

« Rabelais, dit le bibliophile Jacob, se sentait assez fort pour tenir tête à ses ennemis, soutenu qu'il était par les pantagruélistes de la cour ; car on peut regarder comme certain que ses écrits avaient fondé une espèce de société secrète, une franc-maçonnerie bachique, à laquelle s'empressaient de s'affilier tous les jeunes seigneurs entraînés par les poëtes libertins, incrédules ou novateurs que l'exemple de Marot, de Despériers et de Dolet n'avait pas rendus plus sages. *Chacun s'est voulu mêler de pantagruéliser,* dit du Verdier, qui fut presque contemporain de Rabelais. Le pantagruélisme fut défini par Rabelais lui-même dans le nouveau prologue du quatrième livre : « C'est certaine gaieté d'esprit confite en mépris des choses fortuites. » On ne s'étonne pas que cette philosophie, qui proclamait pour apôtres Epicure, Lucien et Horace, ait séduit les imaginations voluptueuses, ardentes et déréglées des demi-dieux de la Pléiade qu'on vit bientôt renouveler, dans la célèbre orgie d'Arcueil, les fêtes antiques de Bacchus, offrir à Jodelle un bouc couronné de fleurs, chanter *Evohé,* réciter des dithyrambes et répandre le vin à flots en l'honneur de tout l'Olympe païen. Rabelais était lié d'amitié avec tous les poëtes de la Pléiade, et particulièrement avec Ronsard, Baïf, Ponthus de Thiard, Remy Belleau et Joachim du Bellay, neveu du cardinal. »

Deux siècles plus tard, les encyclopédistes, comme les pantagruélistes dont ils sont issus, cachaient leurs épées sous les pampres et sous les roses.

VI.

SEIZIÈME SIÈCLE (suite). — Les Écoles soutiennent l'Eglise gallicane. — Elles repoussent la réforme. — Ce que c'était que le *Leudit.* — Abolition du *Leudit.* — Mesures prises contre les Étudiants.

A l'avénement de François Ier, l'université, qui soutenait les droits de l'Eglise gallicane, s'allie au parlement pour résister aux prétentions du souverain pontife. Elle s'oppose, ainsi que le clergé, à l'enregistrement d'un nouveau concordat entre le roi de France et le pape Léon X. Le recteur, accompagné de ses douze suppôts et de son conseil, va, le 20 mars 1518, au parlement pour former son opposition à la publication du concordat. Puis, l'université s'assemble et fait afficher un décret portant défense à tous les imprimeurs jurés d'imprimer le concordat, sous peine d'être retranchés du corps de l'université. Elle fait aussi placarder aux carrefours un écrit contre le concordat signé du doyen de Notre-Dame, avec l'appel interjeté au futur concile. Plusieurs processions publiques ont lieu. Les prédicateurs s'emportent en déclamations contre le roi et contre le chancelier Duprat. Le roi, irrité de leur insolence, écrit à Jacques Olivier, premier président, à Charles Guillart, président, à Jean Brachet et Pierre Prudhomme, conseillers, d'avoir à faire cesser au plus tôt ce mouvement séditieux de l'université ; de procéder à la punition de ceux qui sont coupables ; de donner sans retard une copie du concordat à de bons et diligents imprimeurs, pour les publier ; d'en apporter un exemplaire avec eux quand ils viendraient trouver le roi ; enfin, de mettre un terme à tout ce tumulte, sans quoi il y pourvoirait si sévèrement qu'il en serait fait mention à jamais.

Saint-Gelais, chevalier et premier maître de l'hôtel du roi, et Adam Fumée, aussi chevalier et maître des requêtes, présentèrent au parlement deux lettres du roi, dont l'une déclarait à la cour que Sa Majesté les envoyait tous les deux pour faire imprimer le concordat, et lui ordonnait de leur en faire délivrer une copie par le greffier ; par l'autre, il mandait qu'ayant appris les téméraires entreprises et les insolences de quelques membres de l'université, notamment des prédicateurs, pour soulever le peuple, il avait été surpris de ne pas voir le parlement chercher à réprimer ces dangereuses tentatives. Les membres du parlement répondirent que les devoirs de leurs charges ne leur laissaient pas le temps d'assister aux sermons, et que, du reste, ils ignoraient ce qui s'y était passé. Le même jour, Fumée et Saint-Gelais allèrent porter les mêmes instructions, au nom du roi, dans l'université; ils n'y rencontrèrent, au lieu de la soumission qu'ils attendaient, qu'une vive opposition. Le lendemain, le parlement fit venir les principaux des colléges, à qui il fut déclaré que s'ils ne faisaient cesser la sédition des étudiants, la cour s'en prendrait à eux. Les deux commissaires informèrent le roi de ce qui venait de se passer. François Ier, par des lettres en forme d'édit, datées d'Amboise le 25 avril, défendit « aux recteur, doyens et députés des » facultés, et tous autres de l'université, de faire au-» cune assemblée pour raison des édits ou ordonnances » du roy concernant l'Estat, sur peine de privation de » leurs priviléges. » Fumée et Saint-Gelais présentèrent ces lettres au parlement. Jean Lelièvre, avocat, et Guillaume Roger, procureur général du roi, en acceptèrent l'enregistrement en ce qui regardait le roi et l'Etat, mais non pas en ce qui concernait l'université. Le parlement ne partagea point cet avis de distinction essentielle, quoiqu'il ne disconvînt pas que l'université avait le droit de se mêler aux choses du gouvernement; il se refusa cependant à enregistrer les lettres, en se réservant de dire ou d'écrire au roi les causes de son refus, quand il lui plairait de les entendre. Peu de jours après, le roi envoya redemander au parlement l'original du concordat. Il déchargea sa colère sur des membres de l'université jugés les plus opposants, qu'il fit emprisonner. L'université les fit réclamer aussitôt par l'organe de ses députés, mais elle ne put rien obtenir; cependant elle ne les abandonna point; elle n'épargna pour eux ni argent, ni crédit, ni sollicitations, tant qu'ils restèrent en prison.

La révolution religieuse du XVIe siècle cherche un point d'appui dans l'université; elle sent que là est la force, ou du moins la centralisation. Luther prend la faculté de théologie pour arbitre; elle condamne ses doctrines après deux ans d'examen. Un autre réformateur, Calvin, avait été élève des colléges de l'université; il est renié par sa mère. A dater de ce moment, la Sorbonne, centre de l'autorité spirituelle, perd de son ascendant sur les esprits.

Entrons un instant dans cette redoutable Sorbonne où tant de pauvres clercs aspirent à cueillir la palme de l'infaillibilité. Qu'y voyons-nous? Hélas! un prétendant au bonnet de docteur — sans boire, sans manger, sans quitter la place, — soutient et repousse les attaques de vingt assaillants ou ergoteurs, qui, se relayant de demi-heure en demi-heure, le harcèlent depuis six heures du matin jusqu'à sept heures du soir. Où sont les Gerson, les d'Ailly, les Clémengis qui brillaient dans les conciles, à Pise, à Constance, à Bâle?... Voici que l'université, étourdie par ses propres disputes, oublie d'envoyer ses députés au concile de Trente, où vont s'agiter tant de hautes et ardentes controverses. Elle use son temps et ce qui lui reste de force à persécuter Ramus, noble intelligence qui cherche à s'affranchir du joug de la scolastique, et qui ose attaquer la philosophie péripatéticienne!

« L'habitude de s'escrimer en théologie n'a pas peu contribué à répandre dans la nation cette humeur querelleuse, qui, en retardant le règne de la vérité, a tant de fois troublé la tranquillité publique et engendré tant d'erreurs, pour l'extinction desquelles une politique barbare et maladroite s'est crue en droit de dresser des potences, de creuser des cachots, d'allumer des bûchers, et de faire de la nation la plus douce un peuple de cannibales. » Tel est le sentiment d'un abbé, l'abbé Duvernet, historiographe de la Sorbonne.

Il y avait, deux fois l'an, un jour de congé appelé *lendit*, des mots latins dont il était formé (*indictus dies*); il fut francisé d'abord sous le nom de *indict*, et, dans la suite, appelé par corruption *lendit*. Le lendit d'été et le lendit d'hiver étaient, pour les écoliers, deux jours de promenades tumultueuses et de divertissements sans contrôle; ils payaient leurs maîtres et allaient à Saint-Denis sous le prétexte d'y faire provision de parchemin à la foire ouverte, avec la permission et en présence du recteur, qui prélevait un droit; en réalité, ils y venaient pour s'y amuser avec l'argent qui leur restait. L'usage du parchemin devenant moins nécessaire à mesure qu'on se servait davantage du papier fabriqué en France depuis l'an 1388, les écoliers se procuraient l'un et l'autre à Paris sans avoir besoin de courir à Saint-Denis en processions scandaleuses. Le frère Maillard, dans ses sermons, tonnait contre la débauche des professeurs et des écoliers. Il demandait aux premiers s'ils étaient payés pour dépenser leur argent avec des prostituées, et aux seconds, si leurs parents les avaient envoyés à Paris pour faire les *gaudisseurs* et les *ribauds*. Il blâmait surtout les priviléges démesurés dont jouissaient les uns et les autres.

Plusieurs fois déjà le lendit avait été aboli; ni ordonnances, ni décrets n'avaient pu entamer cette tradition devenue chère aux professeurs et aux étudiants; leur donner force d'exécution, c'eût été préjudicier à l'existence même de l'université qui, pour avoir perdu de son autorité, n'inspirait pas moins de respect. Cependant, le lendit avait été signalé par de graves désordres. On avait vu une multitude d'étudiants, accoutrés d'une façon indécente, courir les champs et les villages, le jour et la nuit, en armes et au bruit des tambours, conduits par leurs propres régents. Le parlement rendit deux arrêts sur la plainte qui lui fut portée à cette occasion. Il défendit, sous peine de prison, aux principaux régents et maîtres de les conduire au lendit ou de les y laisser aller dans de pareilles conditions. Les étudiants n'avaient plus leur entière liberté, comme dans les siècles précédents. Les meilleurs professeurs s'étant attachés aux divers colléges, dont on comptait alors jusqu'à dix-huit, les écoles de la rue du Fouarre n'étaient plus fréquentées. L'autre arrêt du parlement, en date du 20 août, contient un règlement plus général.

Il est fait défense, sous peine de hart, à tous étudiants de porter épées, bâtons longs, pistolets à feu, chemises de mailles ou autres armes;

Enjoint au lieutenant criminel et aux commissaires de visiter chaque semaine les maisons où logent les étudiants et d'informer contre ceux qui portent des armes, et de décréter contre ceux qui, en cas d'infraction, leur donnent asile pour assurer l'impunité;

Ordonné à tous ceux qui reçoivent des étudiants de se saisir de leurs armes et de ne les leur rendre que quand ils quitteront la ville pour s'en retourner chez eux;

Défendu à tous étudiants de porter des chapeaux bas, cachant les yeux et servant à déguiser la figure, des ceintures de couleur et des chausses déchiquetées, à peine d'être déchus de leurs priviléges.

Les principaux visiteront deux ou trois fois la semaine les chambres de leurs colléges, et s'ils y trouvent des armes, ils en feront leur rapport au commissaire de leur quartier.

Les principaux et régents de l'université porteront en tout temps, au dedans et au dehors, des robes longues sans manches coupées et leurs chaperons sur l'épaule, afin de se faire reconnaître et respecter.

Défendu aux escrimeurs et maîtres d'armes de se tenir dans les faubourgs où les étudiants peuvent aller prendre des leçons en cachette; ils descendront dans la ville et s'établiront dans des lieux soumis à la surveillance et où les jeunes gens n'oseront s'aventurer.

Défense à tous cabaretiers de la ville et des faubourgs de recevoir chez eux aucune personne de la ville, passé sept heures du soir, depuis la Saint-Remi jusqu'à Pâques, et passé huit heures, depuis Pâques jusqu'à la Saint-Remi;

Défense pareillement à tous garçons chirurgiens de demeurer ailleurs que chez les maîtres, parce que les écoliers querelleurs, blessés dans leurs courses de nuit, allaient se faire panser chez ces garçons en des lieux écartés;

Défendu pareillement à tous ces garçons de mettre le premier ou second appareil, sans y appeler les maîtres du voisinage, qui en feront leur rapport aux commissaires et à la police.

Ordre aux femmes publiques et à celles qui font métier de les produire, de vider incessamment la ville et les faubourgs, à peine du fouet et de la prison.

Enfin, les commissaires du Châtelet sont chargés de faire de fréquentes visites le soir et le matin, de s'informer des contraventions à ce règlement, et d'en faire rapport tous les jeudis à la police, et afin de leur prêter main-forte, le prévôt de Paris et ses lieutenants, le prévôt des marchands et les échevins, et le chevalier du guet leur fourniront tel nombre qu'ils en auront besoin de leurs sergents, archers, arbalétriers et arquebusiers. — Ce règlement, au lieu de mettre un terme aux désordres, ne fit que les multiplier, en irritant les étudiants.

VII.

Le Pré-aux-Clercs mériterait à lui seul, plus que la guerre de Troie qui dura dix ans, un poëme épique; car le conflit dont il était l'objet s'éternisait de siècle en siècle. Écoliers et moines de Saint-Germain en étaient encore à s'en disputer la propriété. Les étudiants, furieux de ce que l'abbé et quelques particuliers avaient envahi diverses parties du Petit-Pré, y mirent de l'acharnement et résolurent de ne pas faire de trève, comme leurs aînés.

Le vénérable Jacques Dubreuil, qui écrivit à l'âge de quatre-vingts ans son *Théâtre des Antiquités de Paris,* y rapporte l'anecdote suivante dont il avait été témoin dans sa jeunesse :

En juillet 1548, les écoliers, animés par les conseils de Ramus, posent des placards aux carrefours, rues et portes des plus fameux collèges de l'université, adjurent tous leurs condisciples de se trouver bien équipés et armés sur leur pré, le lendemain sur les deux heures de l'après-midi. Un grand nombre arrivèrent à l'heure dite au rendez-vous. Aussitôt commença l'assaut contre le clos des moines, plusieurs brèches furent pratiquées: la foule s'y précipita, arracha les arbres fruitiers, les treilles et les ceps de vigne. Les assaillants se retirèrent vers le soir en ordre de bataille, portant en triomphe des branches de feuillage et des arbres entiers qu'ils brûlèrent devant l'église Sainte-Geneviève-du-Mont. « J'en parle comme une personne qui y était, dit Dubreuil, *turbam ad malum seculus,* ayant suivi cette foule dans la voie du mal. »

Les moines de Saint-Germain ayant porté plainte, le recteur de l'université délégua deux conseillers pour faire borner et arpenter le Pré-aux-Clercs. « Ouy » leur rapport, a consenti à l'université toutes leurs » demandes, plus pour contenter une commune pour » satisfaire à preuve suffisante, qu'il ait eue. Première- » ment, que le clos des religieux, qui estoit aussi » large que l'abbaye, et tenoit au coin de la rue du » Coulombier, contenant en tout cent sept arpents de » vignes, sera retranché de moitié et plus du costé du » Grand-Pré, en prenant l'alignement depuis les deux » grosses tours de l'ancienne porte du monastère, qui » était du costé dudit pré, jusques à l'autre bout » d'iceluy clos et le jardin de M. Thomas retranché » esgallement. Qu'il y aura voye et chemin de dix-huist » pieds de large, le long de leurs fossés, commençant » par haut au carrefour de la rue aux Vaches, et con- » tinuant par bas jusques à la rivière. Et quant aux » maisons qui estoient du costé septentrional basties » en la terre de l'Hostel-Dieu contigüe audit pré, que » les vues qui sont sur ledit pré seroient bouchées. » Donné le 14 may 1551. » — Cet arrêt fut entièrement exécuté.

Le roi, voulant créer de nouveaux impôts, pour maintenir sur le pied de guerre les armées qu'il avait en Italie, en Piémont et en France, rendit un édit qui obligeait l'université à payer la taxe du vin. L'université, qui tenait à ne rien perdre de ses droits, se pourvut au conseil du roi, qui l'exempta de cette charge.

Dans l'intervalle, il survint une affaire bien plus grave, en ce qu'elle jeta dans Paris une grande émotion. C'est Félibien qui la raconte :

Le 12 mai 1557, un jeune écolier, gentilhomme breton, et un avocat du parlement, s'étant allés promener sur le soir au Pré-aux-Clercs, furent percés et tués l'un et l'autre de balles de plomb qu'on tira sur eux des maisons voisines qui avaient été l'objet de querelles entre l'université et l'abbaye de Saint-Germain-des-Prés. D'autres écoliers qui se trouvèrent là au même temps furent aussi blessés. Sur les premières plaintes d'un tel attentat, on arrêta le propriétaire de la maison, nommé Bailly, commissaire au Châtelet, pour l'obliger à représenter les meurtriers. Mais, comme on le relâcha presque aussitôt, les écoliers en furie allèrent le lendemain saccager et brûler trois maisons contiguës au Pré-aux-Clercs. Le parlement, informé de ce qui se passait, avertit le recteur et les députés de l'université de resserrer les écoliers dans les collèges, sans leur laisser la liberté d'en sortir. Mais, comme il ne fut pas possible de retenir le plus grand nombre, qui demeurait dans la ville, ceux-ci, animés de plus en plus à la sédition par le meurtre de leurs condisciples, continuèrent leurs violences les jours suivants. Le 17 du même mois, sur les plaintes réitérées contre les écoliers, le parlement, les chambres assemblées, ordonna au prévôt des marchands et échevins d'envoyer incessamment quarante archers et arquebusiers de la ville au Pré-aux-Clercs, pour y faire résidence sous les ordres du lieutenant-criminel, avec défense à tous autres, de quelque qualité qu'ils fussent, d'y mettre le pied. Il enjoignit de plus au prévôt de Paris et à ses lieutenants de se transporter en personne au même lieu trois fois par jour, de faire saisir par les commissaires toutes les armes, épées, dagues et bâtons offensifs appartenant aux écoliers, et les porter à l'Hôtel-de-Ville ; et pour conclusion, de faire lire et publier à son de trompe le présent arrêt par les carrefours et faubourgs de la ville. Malgré des ordres si précis, les écoliers continuèrent leurs désordres ; ce qui obligea le parlement de rendre, le 19 du même mois, un autre arrêt par lequel la cour ordonnait aux recteur, doyens des facultés, procureurs des nations et principaux des colléges, de faire cesser cette rébellion, sous peine d'être regardés comme favorisant eux-mêmes la sédition. Et afin de joindre l'exemple à la sévérité des lois, le parlement confirma, le lendemain, la sentence de mort portée par le prévôt de Paris contre un des écoliers, chef de la sédition, nommé Baptiste Coquatre, autrement dit *Crocuzon*, natif d'Amiens, âgé de vingt-deux ans ; et nonobstant la requête présentée à la cour par l'évêque de Paris, qui le réclamait comme clerc, la sentence fut exécutée le même jour, le jeune écolier pendu à une potence dressée exprès au milieu du Pré-aux-Clercs, et ensuite son corps brûlé et ses biens confisqués ; — selon Dubreuil, la seule grâce qu'il obtint fut d'être étranglé avant d'être attaché au bûcher.

« Je ne puis passer sous silence, ajoute le même Du-
» breuil, la charité des escoliers envers ce pauvre Cro-
» cozon, dequel, après le partement des mesneurs de
» la justice, sergents et archers de la ville, ils tirèrent
» du feu les ossements et les portèrent enterrer en la
» prochaine chapelle de Saint-Pierre (où est aujour- ·
» d'hui l'hôpital de la Charité, rue Jacob), où aussi fu-
» rent dictes plusieurs messes et vigiles pour l'âme du
» deffunct de l'argent qu'un fidelle escolier avoit quêté
» et colligé dans son chapeau du peuple assistant à ce
» supplice. »

Dès le soir même du supplice, les écoliers, plus furieux que jamais, affichèrent aux portes et aux carrefours de la ville des placards injurieux et menaçants. Le parlement mande aussitôt le recteur à sa barre et le somme de fournir des renseignements sur ce qui vient de se passer. Il répond par un long discours en latin.

Le 20, nouvel attroupement, nouveaux dégâts ; le parlement fait encore venir le recteur de l'université, les principaux des colléges de Bourgogne, du Mans, de la Marche, de la Justice. Le recteur, interrogé, répond qu'il a rassemblé l'université et fait les remontrances nécessaires pour calmer l'émeute ; qu'il ne sait plus que faire ; qu'il n'est plus obéi ; qu'il est même menacé. On lui demande pourquoi il a donné à quelques habitants du Pré-aux-Clercs des billets de sauvegarde sous le sceau de l'université, et n'en a pas accordé aux autres ; on lui reproche, en outre, d'avoir mis à prix ces billets. Il répond qu'un marchand drapier étant venu lui demander un moyen pour préserver sa maison de la démolition, il lui avait accordé un billet, ainsi qu'à d'autres, et qu'il avait refusé l'argent qu'on lui avait offert pour prix de ce service. Le président annonce qu'il a écrit au roi pour lui demander une force armée et réprimer l'émeute ; il se plaint de ce que l'on méprise les arrêts du parlement ; de ce qu'on affiche aux carrefours des placards et des libelles très séditieux ; de ce que, la veille au soir, des écoliers en grand nombre ont démoli et abattu la barrière des Sergents, située près de la Croix des Carmes, avec menaces de mettre le feu en plusieurs endroits ; qu'ils ont commis d'autres excès et maltraité des sergents. Enfin, le président ordonne au recteur, ainsi qu'aux quatre procureurs des nations écolières, de faire cesser l'émeute sous peine d'être poursuivis comme responsables ; d'empêcher qu'on ne jette, des fenêtres hautes, des pierres, tuiles et autres choses qui puissent offenser les ministres de la justice. Galaudius, principal du collége de Boncourt, mandé au parlement, s'excuse en

disant qu'il n'est pas maître de ses écoliers ; il les qualifie de *petit peuple* et d'*imperita multitudo*, et assure qu'ils lui veulent beaucoup de mal de ce qu'il n'autorise point leur insolence.

Le soir, le recteur de l'université se présente encore au parlement : il a essayé d'assembler les principaux et régents des colléges. Quelques-uns se sont rendus à son invitation, d'autres s'y sont refusés ; il a signifié à ceux qui étaient présents l'ordonnance du matin ; ils ont refusé d'obéir. Les écoliers du Plessis ont menacé de mettre le feu au collége de ce nom ; le principal s'en est évadé. Après cet exposé du recteur, le président lui commande d'assembler, le lendemain, l'université aux Mathurins : le recteur répond qu'il est toujours sous le coup de la menace des écoliers et impuissant à les contenir ; qu'il voudrait bien n'avoir pas été nommé recteur, etc...

Le 26 mai, arrive au parlement une lettre du roi datée de Villers-Cotterets, lettre menaçante, disant qu'il va faire avancer des troupes, dix enseignes de gens de pied et deux cents hommes d'armes, pour soumettre les écoliers et leurs complices ; enjoint au parlement de faire publier, dans tous les carrefours de Paris, que défenses sont faites aux écoliers, régents et *martinets* (écoliers externes), de quelque nation qu'ils soient, et autres, de se rendre au Pré-aux-Clercs ; « lequel pré, porte cette lettre, de notre pleine puis-
» sance, nous avons pris et mis, *prenons et mettons en*
» *notre main, pour après en faire et disposer ainsi que*
» *bon nous semblera*. » Il ordonne aux écoliers martinets de se mettre dans six jours, en pension dans les colléges. Les écoliers *séditieux et natifs de pays étrangers* contre lesquels la France est en guerre sortiront dans quinze jours du royaume, sinon ils seront faits prisonniers. Ceci tendrait à prouver que le roi (Henri II) soupçonnait ses ennemis extérieurs de fomenter ces troubles.

Le lieutenant civil vint au parlement, et annonça que la veille au soir, escorté de vingt à vingt-cinq hommes, il avait procédé à la publication d'un arrêt contre les écoliers ; qu'arrivé au carrefour de Saint-Côme, il avait été forcé de s'arrêter, parce qu'on lui avait jeté quantité de pierres ; que cependant il avait pu pénétrer dans quelques colléges et y faire treize prisonniers. N'ayant qu'une faible escorte, et comme il était neuf heures du soir, il s'était retiré. Les archers de la ville étaient absents ; le chevalier du guet, menacé par un certain comte de Carmain, avait refusé de se joindre à lui. — Un des échevins est mandé au parlement ; il s'excuse en disant qu'il s'était équipé pour escorter le lieutenant civil, mais qu'il n'avait trouvé dans l'Hôtel-de-Ville qu'un très-petit nombre d'hommes armés. — Bientôt après, le roi, ayant fait clore de murailles le Pré-aux-Clercs, ordonna la mise en liberté, les 31 mai et 12 juin, des écoliers prisonniers, mais il fit retenir ceux de leurs complices qui n'étaient pas écoliers.

Les cardinaux de Lorraine et de Châtillon ainsi que le chancelier et le connétable avaient beaucoup servi l'université en cette affaire. Il fut décidé qu'on leur écrirait, en même temps qu'au roi, une lettre de remerciement. Ces lettres devinrent d'autant plus nécessaires, que le jour même qu'elles furent écrites, pendant la procession de l'université, une troupe d'artisans qui se faisaient passer pour étudiants allèrent au Pré-aux-Clercs, entrèrent de force dans les maisons voisines et y commirent des violences.

L'université en informa elle-même le roi en ces termes : « Sire, à grand'peine pourrez-vous croire combien de joie et de consolation a reçu votre très humble et très obéissante fille et servante, entendant par ceux qu'elle avoit envoyés devers Votre Majesté la

» bonté et clémence dont vous a plu user en son en-
» droit, et le souverain remède que vous a plu donner
» à ses maux. Sire, nous en avons, par procession pu-
» blique, rendu grâces à Dieu le roy des roys, et à vous
» le meilleur de tous, et encore rendons par la pré-
» sente ; par laquelle davantage très humblement vous
» supplions entendre que, au retour de notre proces-
» sion, avertis que quelques méchants, sous le nom et
» titres d'écoliers, faisoient encore quelques démoli-
» tions, nous y sommes allés, et nous-mêmes en avons
» fait prendre huit, dont sept se sont trouvés artisans,
» et le huitième se dit écolier au collége d'Autun. L'a-
» vons fait mener audit collége, et trouvé qu'il en étoit
» cuisinier. Si lui avons fait donner la salle ; de sorte
» qu'il peut avoir perdu l'envie d'y retourner. Ce que,
» sire, nous vous écrivons, pour témoignage de la dili-
» gence que nous avons faite et espérons faire, pour
» toujours tenir les nôtres en leur devoir et en la paix
» et tranquillité que les études le désirent, et que l'o-
» béissance que nous avons à vous rendre le requiert... »
Le roi n'en ordonna pas moins une nouvelle réforme
de l'université; dans ce but, il nomma pour commissaires Arnaud du Ferrier, Nicolas Prévost, présidents
aux enquêtes, René Le Fèvre et Jacques Verjus, conseillers de la cour. Les lettres patentes de leur commission portent qu'ils prendront du recteur et des autres officiers une déclaration du revenu de leurs offices,
et qu'ils se feront communiquer les titres et autres pa-
piers des archives de l'université, pour en tirer les
instructions nécessaires à la réformation. Le recteur et
le doyen de la faculté de droit canon furent invités à
réunir les suppôts de chaque faculté, tant séculiers que
réguliers, pour avoir leur avis sur la réformation du
corps entier de l'université, soit pour les mœurs, soit
pour la doctrine, soit pour le service divin et la conduite générale des régents et des écoliers. De plus, on
devait lire en assemblée publique les statuts du cardinal d'Estouteville et les autres précédents dressés pour
le bon ordre ; les docteurs, maîtres et suppôts étaient
priés de faire les remontrances nécessaires pour par-
venir à une bonne réformation. La faculté des arts fut
la première à obéir. Les quatre nations nommèrent
chacune un délégué pour concourir à une œuvre si
utile. L'histoire ne dit pas quelle fut l'issue de ce projet. On trouve seulement dans les registres du parlement un arrêt du 26 juillet 1558, qui défend à nouveau
aux principaux et regents des colleges de mener désormais les écoliers au lendit avec armes, tambours et enseignes déployées, ce qui venait d'avoir lieu. Ce congé
tombait précisément pendant la canicule, et, aux termes de l'arrêt, la chaleur pouvait être préjudiciable à
la santé des écoliers.

Les écoliers n'avaient guère tenu compte du dernier
acte de clémence du roi en leur faveur. Le jour de l'As-
somption, ils étaient sortis en grand nombre par les
portes de Saint-Jacques et de Saint-Michel, et s'étant
répandus dans les vignes des environs, ils avaient fait
un dégât universel et battu les messiers. Les jours suivants, ils s'étaient rassemblés, pendant la nuit, au
nombre de trois à quatre cents, sur les fossés qui tendaient les portes de Saint-Jacques et de Saint-Michel.
Le parlement avait ordonné à Bastonneau, huissier,
d'aller avertir le recteur, les procureurs des nations,
les principaux et régents des colléges, de venir devant
sa cour, qui les avertit de faire leur devoir et leur
commanda de tenir la main à ce que de pareilles assemblées, véritables nids de sédition, n'eussent plus
lieu, surtout pendant la nuit. Il leur fut ordonné de
signifier la même chose aux régents des colléges et aux
pédagogues de ceux qu'on appelait martinets, ou,
comme nous avons dit plus haut, externes. Enfin, on
leur fit observer d'avoir à reconnaître autrement la
grâce que le roi leur avait faite en leur épargnant une
rigueur que leurs derniers excès avaient méritée. Les
écoliers n'en demeurèrent pas moins oublieux; au mois

de janvier suivant ils firent irruption dans les maisons
voisines du Pré-aux-Clercs, où ils exercèrent leurs
déprédations comme par le passé.

Henri II, irrité de tant d'audace, menaça de chasser
les écoliers s'ils ne se soumettaient. C'est sans doute
à ce moment que s'accomplit la réforme dont il a été
question plus haut. Nous n'en connaissons pas l'éten-
due ; seulement elle s'effectua, cette fois, sans le con-
cours de la puissance pontificale. Le *droit civil*, — con-
cession qui parut énorme ! — put être lu avec le droit
canonique dans l'université de Paris, quoique les autres universités, d'après le refus des Etats de Blois, s'y
fussent opposées. Néanmoins, cette addition à l'enseignement public eut lieu sous toutes réserves, et le droit
civil ne put être expliqué sans obstacle, à Paris, qu'au
moins un siècle après.

On attribue au roi Henri II un règlement fort étrange
contre les médecins. Voici l'article le plus curieux de
ce règlement : « Que, sur les plaintes des héritiers des
» personnes décédées par la faute des médecins, il en
» sera informé et rendu justice comme de tous autres
» homicides : et *seront les médecins mercenaires tenus
» de goûter les excréments de leurs patients* et leur im-
» partir toute autre sollicitude ; autrement seront répu-
» tés avoir été cause de leur mort et décès. »

Plus tard, Michel Aubourg, recteur, représenta à l'u-
niversité qu'il était nécessaire de demander à tous ses
membres compte de leur foi, afin que ceux qui
se seraient laissé séduire par des principes anti religieux, fussent rappelés au vrai culte ou punis. La faculté de médecine, respectant la conscience, s'y opposa
en ce qui la regardait, pensant que son doyen lui suffisait, et qu'elle ne devait point souffrir que les théologiens se mêlassent des affaires des médecins.

De nouveaux troubles éclatent dans l'université à
l'occasion d'un soufflet donné par un marchand bonne-
tier à un écolier. Sept à huit mille étudiants prennent
parti pour lui ; et, pendant plus de quinze jours, des
rixes s'engagent entre eux et les garçons de boutique.
Le parlement fait arrêter et *pendre* les plus coupables.
L'université a beau réclamer ses priviléges ; Henri II
approuve la conduite du parlement et menace d'envoyer
des troupes pour mettre l'université à la raison. Elle
eut ordre d'interrompre ses leçons et de fermer ses
classes, *ce qu'elle fit sans oser murmurer*. On voit que
l'autorité royale, qui avait si souvent plié devant le
corps universitaire, commençait à devenir toute-puis-
sante par la force de concentration que les écoles elles-
mêmes avaient donnée à Paris, siége de la monarchie.

Cette même année, la Sorbonne lance un décret contre les jésuites, dont l'ordre récemment établi cherchait
à supplanter l'université en créant un enseignement
gratuit. La faculté de théologie, en les interdisant,
s'appuie sur ce que cette nouvelle société, dite de Jésus,
REÇOIT *sans nul choix toutes sortes de gens*, QUELQUE
CRIME QU'ILS EUSSENT COMMIS, ET QUELQUE INFAMES
QU'ILS FUSSENT.... Une assemblée de prélats leur permit de se former en société, mais en leur défendant
« *d'entreprendre aucune chose au préjudice des univer-
» sités.* » Mais ils étaient forts de la protection des
Guise, et particulièrement du cardinal de Lorraine.
L'université se réveilla pour les repousser avec ardeur.
L'avocat Pasquier plaida vigoureusement sa cause, et
celle des jésuites fut perdue près du parlement, qui
différa d'enregistrer les lettres patentes du roi Henri II,
qui leur accordait la permission d'ouvrir leur collège à
Paris. Cet état provisoire dura quelque temps ; ils ne
furent pas incorporés à l'université, mais il leur fut
permis de continuer leur enseignement public, et ils
n'en fondèrent pas moins, en 1564, leur *Collége de
Clermont*, rue Saint-Jacques.

Étudiants chantant à la taverne de la *Pomme-de-Pin*.

Eustache du Bellay, alors évêque de Paris, était loin de se montrer favorable aux jésuites; son entourage partageait la même répugnance ; un auteur dont on ne suspectera pas la bonne foi, le P. Bouhours, le biographe de saint Ignace, raconte qu'un docteur, ami de l'évêque, parlant de la société des jésuites,. disait partout « qu'elle avait quelque chose de monstrueux ; que celui qui l'avait établie était un petit Espagnol visionnaire ; qu'il valait mieux faire du bien aux gueux et aux vagabonds qu'aux jésuites, et qu'on ne ferait pas mal de les chasser du royaume. » L'évêque lui-même était assez prévenu des mêmes sentiments, comme il le fit bien voir par l'avis qu'il donna sur l'institut des jésuites, en conséquence de l'arrêt du parlement. Il trouvait qu'il y avait de l'effronterie de la part du nouvel ordre a s'attribuer le nom de *Société de Jésus*, qui, selon lui, appartenait à la catholicité tout entière. De plus, il constata que les jésuites, faisant profession de mendicité, portaient préjudice, par leur établissement dans Paris, aux ordres des quatre mendiants, au bureau des pauvres et aux hôpitaux. Il fit remarquer aussi que, quoique les jésuites fissent des vœux de pauvreté, ils ne prétendaient pas renoncer aux plus grandes dignités ecclésiastiques, qu'ils pouvaient posséder avec la permission de leur procureur général. Il conclut en les interdisant de toutes fonctions ecclésiastiques dans son diocèse.

On se tromperait étrangement si on jugeait des étudiants d'autrefois, rien que par leur côté intime : défis de buveurs, taverniers battus, querelles au Pré-aux-Clercs, femmes de marchands enlevées, expéditions dans la ruelle du Val-d'Amour en compagnie des ribaudes et des truands ; des meurtres et des rapines : c'est toujours le même tableau à la superficie. Il n'en est pas de même si on interroge l'histoire des idées et des doctrines de chaque époque; le plus souvent, derrière un acte de foi ou d'hérésie, on trouve le nom d'un étudiant. Toutes les forces se produisent sous une forme ou sous une autre dans ce monde de l'intelligence. Ce pauvre écolier logé au collège du Fortet, et qui a fait son droit à Orléans, est l'objet des préoccupations du parlement. Le recteur est mandé devant la cour: on lui ordonne de mettre en prison cet étudiant soupçonné d'hérésie ; il a le bonheur de pouvoir s'échapper à temps; il se réfugie en Saintonge. Bientôt le monde entier saura qu'il s'appelle Calvin. Ainsi d'une foule d'autres. Les écoles étaient une pépinière d'hommes appelés à gouverner les destins des royaumes. Celui-ci devenait évêque, cardinal, chancelier, minis-

Paris. Imprimerie Gerdès, rue Bonaparte, 44.

Etudiants jouant une diablerie.

tre; tel autre, réputé hérétique, se créait chez les partisans du libre arbitre une puissance que les grands lui déniaient. Tel autre encore était nommé imprimeur, et il y avait du mérite à cela; d'abord, les connaissances exigées, qui devenaient vastes; ensuite, le mérite de la fermeté, car on commençait à brûler les livres protestants, et les imprimeurs étaient jetés dans les cachots de l'évêché. Ces persécutions avaient pour effet de grossir les rangs des réformés. Tandis que deux jeunes étudiants, René Duseau et Jean Amalric, accusés de luthérianisme, sont oubliés dans une prison souterraine, des élèves du collége du Plessis mutilent les protestants de la rue Saint-Jacques à coups de pierres, et excitent le peuple en criant : *Aux voleurs! aux brigands!* Cette scène se passait le 4 septembre 1557, à minuit. Un écolier, n'ayant pu contenir son indignation en entendant les injures adressées aux huguenots par un prédicateur, fut traité de luthérien par une vieille dévote, traîné dans la rue et mis en pièces par une bande de fanatiques. L'ardeur des persécutés re-

doubla, et un jour (19 mars 1558) quelques-uns d'entre eux se rendirent au Pré-aux-Clercs pour y chanter les psaumes de David traduits par Clément Marot. « Cette nouveauté, dit Félibien, plus encore que la beauté du chant et la délicatesse de la versification, attira au même lieu les jours suivants un grand nombre de personnes, même de distinction, entre autres Antoine de Bourbon, roi de Navarre, et la reine Jeanne d'Albret, sa femme, déjà suspects des nouvelles erreurs. Cette invention des hérétiques, qui allait à faire mépriser l'usage contraire de l'Eglise latine, et à souffler partout la division, aurait eu dès-lors de fâcheuses suites, si le roi, qui en fut averti, n'eût fait faire la recherche des auteurs de ces nouveautés et défendu, sur peine de la vie, de s'assembler au Pré-aux-Clercs pour y continuer ces chants. La sévérité des édits, bien loin de produire les bons effets qu'on en attendait, ne fit qu'aigrir les esprits. » Quelques jours après, un synode, présidé par François Morel, pasteur protestant, s'ouvrit au faubourg Saint-Germain. On écrivit aux princes

3

protestants d'Allemagne, qui envoyèrent leurs ambassadeurs à Paris pour prier le roi d'en user avec plus de modération envers leurs co-religionnaires. Le roi eut l'air de les écouter favorablement ; mais à peine furent-ils sortis du royaume, que l'on commença à reprendre les procédures contre les personnes du parlement. Le président de Saint-André, Jean-Jacques de Mesme, maître des requêtes, Louis Gayant, Robert Boctet, conseiller, Eustache du Bellai, évêque de Paris, et le docteur Antoine de Mouchy, qui avait le nom de *Demo-charès*, inquisiteur de la foi, furent nommés par le roi commissaires en ce procès, qui fut intercompu par la mort même du roi. Ce docteur de Mouchy entretenait un grand nombre d'agents secrets chargés de scruter les consciences ; le peuple les appela *mouchards*, du nom de leur patron.

Parmi les maisons attenant au Pré-aux-Clercs, il y en avait une appelée *la maison de Pavanier*, qui appartenait au seigneur de Lonjumeau. On sut bientôt qu'il s'y tenait des assemblées d'hérétiques et qu'elle était le centre des prédications de la nouvelle secte. Le 24 avril 1561, cette maison fut attaquée par des étudiants mêlés au peuple qu'on avait ameuté. Ce fut un véritable siège ; à la fin, une partie de mur, battue en brèche, s'écroula ; on entra par cette ouverture et un gentilhomme fut tué. Le seigneur de Lonjumeau fit, de son côté, une vigoureuse résistance, avec le secours de ses amis, et, repoussant ceux qui l'attaquaient, il en mit quatre ou cinq sur le carreau. Dumesnil, avocat du roi au parlement, s'y plaignit de tous ces désordres. Il dit « que le seigneur de Lonjumeau aurait bien pu se retirer avec ses effets, mais que pour ce qui était de fondre sur le peuple à course de cheval, de commettre tant de meurtres et de tenir sa maison garnie de gens et d'armes, c'étaient des excès qui n'étaient pas dignes d'excuses. » Le seigneur de Lonjumeau présenta alors au lieutenant-civil des lettres patentes par lesquelles le roi défendait à toutes personnes de s'injurier par les noms de *papistes* et *huguenots*. On demanda l'avis de la cour sur ces lettres. Le parlement répondit qu'il en avait reçu de pareilles et n'en avait point encore délibéré. En attendant, le seigneur de Lonjumeau reçut l'ordre de se retirer avec sa famille dans ses autres maisons de Paris ou à Lonjumeau. Au moment où cet ordre lui fut intimé, il était occupé à faire emporter ses meubles ; par précaution, il avait gardé près de lui quelques gentilshommes, tant pour la sûreté de sa personne que pour mettre hors d'insulte les maçons qui réparaient les brèches faites à sa maison. Il était à craindre que les écoliers ne recommençassent leurs incursions. La cour manda le recteur de l'université et lui ordonna d'empêcher qu'ils n'allassent en armes au Pré-aux-Clercs. Il fut enjoint pareillement aux sergents des barrières, du pont Saint-Michel et du Petit-Pont de se tenir en garde à la descente de l'université, pour empêcher les entreprises des écoliers. Le roi (Charles IX), informé de cette agitation, envoya d'Auzance, gentilhomme ordinaire de sa chambre, avec des lettres pour le parlement et l'ordre de s'informer si celui-ci avait fait son devoir en réprimant les désordres et en punissant les coupables d'une façon exemplaire. En même temps, il mandait au maréchal de Montmorency de se rendre aussitôt à Paris pour y réprimer les désordres. Par arrêt du 29 avril, le parlement ordonna au seigneur de Lonjumeau de sortir de Paris le jour même avec sa femme et sa famille, sous peine d'être déclaré rebelle au roi et à la justice. « Il ne méritait pas peut-être d'être traité si favorablement, dit Félibien dans son *Histoire de Paris*, s'il est permis de juger de ses dispositions par les pièces d'artillerie qu'on trouva enterrées dans sa maison de Chailly, au mois de février 1563, dont les unes étaient réclamées par les habitants de Montlhéry, à qui elles avaient été enlevées, et les autres avaient été prises dans la maison de Saint-Chéol, appartenant à feu Gilles Le Maistre, premier président. Le parlement ordonna la restitution de celles-ci à ses héritiers ; et, déclarant les autres acquises au roi, permit aux habitants de Paris de s'en servir pour la défense de leur ville. »

Il y avait alors à l'université de Paris un professeur d'un grand renom qu'on soupçonnait d'hérésie : c'était Pierre Ramus, professeur royal et principal du collége de Presles. Ne pouvant supporter la vue des images qui se trouvaient dans la chapelle de son collége, tant elles étaient grossières et dépourvues d'art, il les avait fait abattre. Aussitôt on cria à l'impiété. Ramus fut destitué de sa charge et chassé de l'université. Le parlement voulant alors s'assurer de l'orthodoxie des autres professeurs, principaux et suppôts de l'université, les obligea tous, par un arrêt du 9 juillet 1562, à signer la profession de foi dressée par la faculté de théologie et jurée par le parlement lui-même ; il fut exécuté au mois d'août suivant avec tant de rigueur, que ceux qui refusèrent de signer furent révoqués et remplacés.

A la suite du massacre de la Saint-Barthélemy, la fureur se *répandit* aussi dans l'université. L'infortuné Ramus devint le but de toutes les colères ; on le précipita par une fenêtre, d'où il vint se briser contre le pavé. On s'acharna sur son cadavre ; il fut fouetté et ignominieusement traîné dans la boue par des écoliers que leurs régents, envieux des talents de Ramus, ne cessaient d'exciter. La vue de cet odieux spectacle frappa tellement l'esprit de Denis Lambin, professeur royal, qu'il en tomba malade et mourut un mois après.

De cette même université qui avait fourni des bras à cette horrible corvée, sortit l'épitaphe suivante de Charles IX :

Plus cruel que Néron, plus rusé que Tibère,
Hay de ses subjets, moqué de l'estranger,
Brave dans une chambre à couvert du danger,
Mesdisant de sa sœur, despit contre sa mère,
Envieux des hauts faits du roi Henri son frère ;
Du plus jeune ennemi fort prompt à se changer ;
Sans parole et sans foi, hormis à se vanger ;
Exécrable jureur et publiq adultère ,
Des églises premier le domaine il vendit,
Et son bien et l'autrui follement despendist ;
De vilains il peupla l'ordre des chevaliers,
La France d'ignorans prélats et conseillers :
Tout son règne ne fut qu'un horrible carnage,
Et mourut enfermé comme un chien qui enrage.

L'histoire, qui ne doit épouser ni les passions ni les querelles des partis, sera plus juste ; elle racontera la pitoyable agonie de ce jeune roi mort à vingt-quatre ans, et elle nous laissera juges.

Le roi de France, l'ordonnateur de la Saint-Barthélemy, n'a près de lui que sa nourrice pour le voir mourir.

— « Ah ! ma nourrice, ma mie, ma nourrice, que de sang et que de meurtres ! Ah ! que j'ai eu un méchant conseil ! O mon Dieu ! pardonne-les-moi et fais-moi miséricorde, s'il te plaît ! Je ne sais où je suis, tant ils me rendent perplexe et agité. Que deviendra tout ceci ? Que deviendrai-je, moi, à qui Dieu le recommande ? Que ferai-je ? Je suis perdu, je le sens bien.

— Sire, répond la nourrice, les meurtres et le sang soient sur la tête de ceux qui vous les ont fait faire et sur votre méchant conseil ! Mais de vous, sire, vous n'en pouvez mais ; et puisque vous n'y prêtez point de consentement et que vous y avez regret, comme venez de le protester tout présentement, croyez que Dieu ne vous les imputera jamais... Mais, pour l'honneur de

Dieu, que Votre Majesté cesse de larmoyer et se fâcher, de peur que cela n'aggrave votre mal, qui est le plus grand malheur qui saurait advenir à votre peuple et à nous tous. »

Et sur cela, dit Pierre de Lestoile, lui ayant été quérir un mouchoir, pour ce que le sien était tout mouillé et trempé de larmes, après que Sa Majesté l'eut pris de sa main, lui fit signe qu'elle s'en allât, et le laissât reposer.

Charles IX s'endormit pour toujours.

VIII.

Les étudiants pendant la ligue. — Henri III à la foire de Saint-Germain. — Les ligueurs de la Sorbonne. — Processions scandaleuses. — Nouvelle réforme de l'université. — Étudiants enrôlés contre les huguenots. — Les jésuites — Ce que c'était que la basoche.

Lestoile connaissait bien son pays lorsqu'il écrivait à la fin du XVIe siècle : « Il est aussi peu en la puissance de toute la faculté terrienne d'engarder la liberté françoise de parler, comme d'enfouir le soleil en terre, où l'enfermer dans un trou. »

Henri III put contrôler à ses dépens la valeur de cette vérité lorsqu'il se présenta, en 1579, à la foire de Saint-Germain, entouré de ses mignons aux cheveux frisés, au bonnet de velours et à la collerette empesée. Quelques écoliers qui s'y promenaient mirent aussitôt de grandes fraises en papier, « en dérision du roi et de ses favoris, dit Félibien , qui portaient des fraises ou collets à gaudrons, appelés par les Espagnols lechuguillas, ou petites laitues, à cause du rapport de ces gaudrons repliés avec les frisures de la laitue. Mais les François donnèrent à cet ajustement le nom de fraise, à cause de la ressemblance avec celle du veau. » Les plus hardis d'entre ces écoliers crièrent en pleine foire : A la fraise on connaît le veau. Le roi, irrité de leur audace, les fit aussitôt jeter en prison.

Ce fait est un des mille symptômes de l'esprit public de ce temps. « Telles et semblables façons de faire, dit le registre-journal, indignes à la vérité d'un grand roi , et magnanime comme il l'était, causèrent peu à peu le mépris de ce prince , et le mal qu'on voulait à ses mignons qui le possédaient, donna un grand avantage à ceux de Lorraine, pour corrompre le peuple, et dans le tiers-état créer et former peu à peu entièrement leur parti, qui était la Ligue, de laquelle ils avaient jeté les fondements dès l'an 1577. »

Les Pères de la foi, surnommés les Pères de la ruse, ne tardèrent pas à retourner le bienfait contre le bienfaiteur, dans la guerre religieuse qui remplit la moitié du XVIe siècle. Henri III venait de leur donner dix à douze arpents de coupes de bois dans la forêt de Montargis ; enhardis par ces faveurs, ils n'en conspirèrent que plus à leur aise contre le roi. Leur maison fut mise à la disposition des chefs des ligueurs les Seize, appelés ainsi parce que chacun d'eux dirigeait l'un des seize quartiers de Paris. Laissons parler sur leurs intrigues l'historien de Thou : « Outre leur collége de la rue Saint-Jacques, ils venaient encore de s'établir tout récemment dans la rue Saint-Antoine, par les libéralités du cardinal de Bourbon ; et, par une méthode toute nouvelle qu'ils avaient imaginée, méthode jusqu'alors inconnue à l'église de France, ils étaient venus à bout, en interrogeant leurs pénitents, de les éloigner de leurs paroisses, d'attirer à eux tout le peuple et de fouiller dans les secrets des familles. »

La Sorbonne joua dans la Ligue un des rôles les plus actifs ; l'organisation partait de chez elle et du collége du Fortet ; et ces établissements furent réputés le berceau de la Ligue. Un de ses membres, Crucé, procureur au Châtelet, se chargea, pour sa part, d'entraîner une grande partie des professeurs et des écoliers de l'université. Henri III réunit les prédicateurs les plus fougueux pour les réprimander et se plaignit d'un décret rendu contre lui par la Sorbonne. « Belle résolution, » leur dit-il, à laquelle j'ai été prié de ne point avoir » égard, pour ce qu'elle avait été faite après déjeuner. » Lestoile se moque en effet dans son journal de ce décret rendu « par trente ou quarante pédants , maîtres » ez-arts, crottés, qui, après grâces, traitent des scep- » tres et des couronnes. »

Le 12 mai 1588, Crucé fait crier, dès quatre heures du matin, dans le quartier de l'Université : Alarme ! alarme ! et le duc de Brissac, entouré d'une troupe d'écoliers, de mariniers et d'artisans armés, établit la première barricade sur la place Maubert. Cet exemple est suivi partout. On appela cette journée la journée des Barricades. Le lendemain, le bruit court que les prédicateurs, qui exaltaient la fureur du peuple, font armer sept à huit cents écoliers, pour aller enlever du Louvre frère Henri de Valois. Le roi s'enfuit à Saint-Cloud.

L'année suivante, le conseil des Seize propose à la Sorbonne la question de savoir si les Français avaient le droit de faire la guerre au roi pour la défense de la religion catholique ; et la faculté de théologie, « c'est-à-dire, selon Lestoile, huit ou dix soupiers et marmitons, comme porte-enseigne et trompettes de sédition, déclarèrent tous les sujets du royaume absous du serment de fidélité et obéissance qu'ils avaient juré à Henri de Valois, naguère leur roi ; rayèrent son nom des prières de l'Eglise, en composèrent d'autres pour les princes catholiques, et firent entendre qu'on pouvait, en conscience, prendre les armes contre ce tyran exécrable. « Après l'égorgement des Guise aux états de Blois, la Sorbonne délia les peuples du serment de fidélité. »

Cet assassinat devint funeste à Henri III, qui bientôt tomba lui-même sous le poignard de Jacques Clément. La Sorbonne poussa dès lors son zèle jusqu'au fanatisme. Elle soutint qu'il était permis aux sujets de se révolter contre leur roi hérétique, de désobéir aux magistrats et de les pendre ; qu'il n'était pas en la puissance du pape d'absoudre le roi ; enfin, qu'il est permis aux sujets d'assassiner leur souverain. Toutes ces doctrines sont relevées et flagellées dans un libelle dont le titre seul est un pamphlet : Démonologie de Sorbonne nouvelle.

Henri III, qui avait témoigné à diverses fois de la tolérance à l'égard des protestants, n'était pas assez soigneux de sa dignité personnelle. Au carnaval qui précéda sa mort, il avait compromis hautement la majesté royale. On savait que pour faire plaisir à quelques dames , il avait prolongé de six jours la foire de Saint-Germain. Lui-même y était allé, escorté de ses mignons et de ses courtisans, encourageant les libertés et les insultes qu'ils prodiguaient aux femmes et aux filles qu'ils rencontraient sur leur chemin. Des maîtresses d'étudiants ayant été enlevées par des gens de la cour, les jeunes gens arrivèrent armés pour venger une injure dont ils se déclaraient solidaires : le lundi gras, le roi envoya les lieutenants civil et criminel, le procureur du Châtelet et des commissaires avec les sergents de l'université, avec ordre de leur enlever leurs armes et d'empêcher l'exécution de leur projet.

La dissolution des mœurs était à son comble. Pendant le carnaval, raconte l'Estoile , « se firent à Paris de belles et dévoteuses processions... Entre les autres, s'en fut une d'environ six cents escoliers, pris de tous les colléges et endroits de l'université , desquels la plus part n'avoient attaint l'aage de dix ou douze ans au plus, qui marchoient nuds en chemise, les pieds nuds, portans cierges ardans de cire blanche en leurs mains, et chantans bien dévotement et mélodieusement, quelquefois bien discordamment, tant par les rues que par les églises, esquelles ils entroient pour faire leurs stations et prières. Le peuple estoit tellement eschauffé et enragé (s'il faut parler ainsi) après ces belles dévotions processionnaires, qu'ils se levoient bien souvent de nuit de leurs lits pour aller querir les curés et prestres de leurs paroisses pour les mener en procession ; comme ils firent en ces jours au curé de Saint-Eustache, que quelques-uns de ses paroissiens furent querir la nuit, et le contraignirent se relever pour les y mener proumener, ausquels pensant en faire quelque remonstrance, ils l'apelèrent politique et hérétique, et fust contraint enfin de leur en faire passer leur envie. Et, à la vérité, ce bon curé , avec deux ou trois autres de la ville de Paris (et non plus), condamnoient ces processions nocturnes, pour ce que pour en parler franchement, tout y estoit de quaresmeprenant, et que hommes et femmes, filles et garsons marchoient pesle mesle ensemble tout nuds, et engendroient des fruits autres que ceux pour la fin desquels elles avoient esté instituées... »

L'église elle-même prenait part au carnaval. Dans ces jours de folie, les clercs jetaient du son aux yeux des passants; ils les obligeaient à folier et à danser avec eux. On se couvrait la figure des masques les plus grotesques. Le nom de cette fête était significatif : Saturorum Diaconorum, la Fête des Saouls-Diacres, appellation d'autant plus comique qu'elle constitue un calembour. Dans les églises qui relevoient immédiatement du Saint-Siége on élisait un pape des fous : papa fatuorum.

Un écrivain de la faculté de théologie de Paris, cherchant à défendre cette fête, au moment de son interdiction, invoquait les raisons suivantes :

« Nos prédécesseurs, disait-il, qui étaient de grands personnages, ont permis cette fête, et faisons ce qu'ils ont fait. Nous ne faisons pas toutes ces choses sérieusement, mais par jeu seulement et pour nous divertir, selon l'ancienne coutume, afin que la folie qui nous est si naturelle et qui semble née avec nous s'emporte et s'écoule par de là du moins une fois chaque année. Les tonneaux de vin crèveraient si on ne leur ouvrait quelquefois la bonde ou le fausset pour leur donner de l'air. Or, nous sommes de vieux vaisseaux et des tonneaux mal reliés que le vin du de la sagesse ferait rompre si nous le laissions bouillir ainsi par une dévotion continuelle au service divin; il lui faut donner quelque air et quelque relâchement. C'est pour cela que nous donnons quelques jours aux jeux et aux bouffonneries, afin de retourner avec plus de joie et de ferveur à l'étude et aux exercices de la religion. »

Le peuple reçut avec joie la nouvelle de la fin tragique de Henri III. Il fit comme il vit faire à plusieurs étudiants de l'université ; il s'habilla de vert. Le vert était la livrée des fous.

Déjà, du vivant de Henri III, la Sorbonne avait déclaré Henri IV « indigne du trône et inhabile à succéder. » Pendant le blocus de Paris, tandis que cette ville ne songeait qu'à se défendre, le prévôt des marchands, les échevins et les principaux bourgeois de la ville proposèrent à la faculté de théologie trois questions en forme de cas de conscience, pour les examiner et en décider. Ces trois questions roulaient sur le même

point, à savoir, si en cas de mort du cardinal de Bourbon, l'on pourrait, en sûreté de conscience, reconnaitre pour roi Henri de Bourbon, son neveu, à quelque condition que ce pût être. La faculté répondit, dans une troisième assemblée tenue à la Sorbonne, le 7 mai 1590, que Henri de Bourbon étant hérétique, fauteur d'hérétiques, relaps, et nommément excommunié, ne pouvait être reconnu pour roi, soit que le légitime héritier de la couronne lui cédât ses droits, soit qu'il obtint son absolution du Saint-Siége, attendu que la perfidie et la dissimulation étaient également à craindre de sa part. « Or, comme ceux, dit l'avis de la sacrée faculté, » qui donnent aide ou faveur en quelque manière que » ce soit audit Henry, prétendant au royaume, sont » déserteurs de la religion, et demeurent continuelle- » ment en péché mortel : ainsi ceux qui s'opposent à » lui par tous moyens à eux possibles, mus du zèle de » la religion, seront récompensés au ciel du loyer éter- » nel, s'ils persistent jusques à la mort, et comme dé- » fenseurs de la foi, remporteront la palme du mar- » tyre. Décidé unanimement en Sorbonne. »

Huit jours après cette décision, eut lieu la fameuse procession de la Ligue qui compta treize cents acteurs, tant prêtres que religieux et écoliers. « Ils firent, disent les historiens, une espèce de monstre en armes par la ville. »

Les études durent nécessairement souffrir de ces troubles. La satire Ménippée atteste à quel point les écoles avaient dégénéré. Pendant le siège de Paris, d'horrible mémoire, l'université fut convertie en désert, ou devint la retraite des paysans ; les classes des colléges servirent d'étables à bestiaux, qu'on appelait par dérision les écoliers de l'université (voir le Journal de Lestoile). Les écoliers obtinrent des passeports de Henri IV pendant la trêve de dix jours ; et lorsqu'il rentra dans Paris , l'université se réconcilia avec lui. Le roi reconnut l'attachement particulier du collége de France à sa cause. La Ligue avait fait des écuries de ses bâtiments. Henri reçut les professeurs avec bonté, les rétablit et leur fit payer les arrérages de leurs pensions. « Je veux, dit-il, qu'on retranche tous les jours un plat de ma table et que mes lecteurs soient payés. » Il se proposait de faire reconstruire ce collége, mais il ne vécut pas assez longtemps.

Il avait pardonné à l'université sa complicité dans la Ligue et s'était contenté de bannir quelques-uns de ses membres. Cependant il régnait encore un esprit de rébellion dans « ce séminaire, dit Pasquier, duquel on prenait ceux qui sont appelés aux gouvernements, magistratures et autres charges publiques. »

Henri IV ordonna, en 1600, la réforme de l'université, dont furent principalement chargés le président de Thou et les conseillers Cocqueley et Molé. Elle eut pour effet direct l'abolition du lendit, dont nous avons déjà parlé, qu'on appelait encore minerval. Les régents, qui se voyaient privés de leurs honoraires, refusèrent de signer et de jurer l'observation des statuts ; ils excitèrent leurs écoliers et armèrent jusqu'aux valets des colléges contre les censeurs, qui étaient insultés et souvent maltraités lorsqu'ils passaient dans les rues du quartier de l'Université. Mais les censeurs parvinrent à mettre leurs ennemis à la raison. Dès la première année de cette réforme, on vit la rue de l'Université toute changée, le lendit aboli, la plupart des régents remplacés, et, enfin, en moins de deux ans, un peu de calme régna dans les écoles.

En 1665, on chercha à enrôler les étudiants dans une croisade contre les huguenots, comme on peut en juger par le placard suivant qui fut affiché à la porte Saint-Victor et dans divers endroits de Paris :

« On fait sçavoir à tous écoliers, grammairiens, ar-

» tiens et autres adolescents illustres étudians en notre
» université lutérienne, qu'ils aient à se trouver aujour-
» d'hui *post prandium* (après-diner), sur le bord de la
» Seine, *fustibus et armis* (avec armes et bâtons), pour
» là s'opposer, *in tempore opportuno* (en temps oppor-
» tun), aux insolences de la maudite secte huguenote ;
» faisant deffense à tous prévôts, lieutenants et autres,
» d'empêcher ceci, sur peine d'encourir l'ire de Dieu
» et du peuple chrétien et catholique, etc. »

Cette provocation fut suivie de deux meurtres ; heureusement elle n'eut pas d'autres suites.

Désormais la lutte se concentre entre les jésuites et
l'université. Cette dernière reprit avec acharnement
ses poursuites contre eux , et Antoine Arnauld fut son
organe auprès du parlement. L'attentat de Châtel, leur
élève, décida leur expulsion comme « corrupteurs de
la jeunesse, perturbateurs du public, ennemis du roi et
de l'État. » Ils furent néanmoins rétablis quelques
années après ; mais l'assassinat de Henri IV par Ravaillac leur devint préjudiciable. On le regardait
comme le résultat des doctrines enseignées par le nouveau livre de Jean Mariana, jésuite espagnol , intitulé
De Rege et regis Institutione, qui absolvait le régicide
quand il était dicté par la conscience. Le parlement fit
censurer par la Sorbonne ce livre de meurtre, lequel
fut brûlé devant l'église Notre-Dame par l'exécuteur de
la haute justice.

Les jésuites reprirent possession de leur collége de
Paris sous la régence de Marie de Médicis, et firent
concurrence à l'université jusqu'à leur expulsion sous
le ministère Choiseul.

Revenons avec détail sur la basoche, dont nous n'a-
vons parlé qu'incidemment à propos des *mystères* et
des *diableries*. Disons ce que fut cette institution qui,
à elle seule, révèle les mœurs de ce temps dans ce
qu'elles ont de plus curieux.

Le royaume de la basoche se composait de tous les
clercs du parlement et des juridictions qui en dépen-
daient ; créée par Philippe le Bel, lorsque ce monarque
eut rendu le parlement sédentaire, elle avait suivi la
marche progressive de ce dernier, et, à mesure que les
parlements avaient augmenté leur puissance, la basoche
avait aussi augmenté la sienne. Composée d'abord de
quelques clercs de procureurs qui se rassemblaient à
certaines époques dans une des salles du Palais, soit
pour discuter entre eux sur quelques questions de droit,
ou représenter, en compagnie du prince des sots, quelques mystères, satyres ou moralités, elle avait d'abord
passé inconnue comme toutes les choses qui commencent; mais bientôt l'affluence des affaires, l'extension du
pouvoir parlementaire augmentant, le nombre des clercs
devint plus considérable ; ceux-ci formèrent alors une
société qui, à l'exemple des autres corporations. voulut
avoir ses priviléges et sa juridiction particulière, et
choisit parmi ses membres un chef qui prit le titre de
roi , nom qui servait alors à désigner le chef de toute
société ou corporation. Suivant toujours la marche
progressive du parlement, la basoche augmenta tellement ses priviléges, qu'elle ne reconnut bientôt au-
dessus de sa juridiction que celle de cette cour, et prit
le titre tant soit peu orgueilleux, mais qui dénotait
déjà en ses membres une certaine idée d'indépendance
et de connaissance de sa force , de *royaume de la basoche régnante et triomphante en titre d'honneur*. Sans
paraître sérieuse, l'influence de la basoche n'en était
pas moins grande, et sa puissance avait un certain
poids: c'était un royaume dans un royaume, une puissance dans le pouvoir.

A l'époque dont nous parlons, ce n'était donc pas un
mince royaume que celui de la basoche ni un petit
pouvoir que celui d'être le roi de ce royaume. Aussi le
parlement avait-il constamment les yeux sur cette institution qui le touchait de si près, et, au grand déplai-
sir de ses membres, censurait et réglait d'avance par
ses arrêts toutes les actions de la basoche, loin d'avoir
égard à ses priviléges.

Craignant que la montre de la basoche ne devînt
une occasion pour les mécontents de renouveler les
troubles déjà fréquents sous ce règne, le parlement
avait fait savoir au roi de la basoche et à ses principaux officiers de ne se réunir qu'à une heure assez
avancée, afin de se trouver en mesure de réprimer
immédiatement tout simulacre de perturbation.

Cet avis portait :

Que le parlement enjoignait à M. Jean Léveillé, dit
roi de la basoche, et aux officiers dudit royaume, sous
peine d'être fouettés de verges, de faire defense à tous
clercs et sujets basochiens de se rassembler avec trompettes, tambourins, cimballes ou autres instruments,
de parcourir les rues en troupe et de faire toute dé-
monstration avant dix heures du matin.

Me Jean Léveillé n'était pas roi à céder à cet ordre
tyrannique, et dans plus d'une circonstance il avait
résisté aux arrêts de la cour suprême, mais il craignait
que toute résistance de sa part n'empêchât la montre
d'avoir lieu, et il avait un trop grand intérêt à ce qu'elle
se fît pour ne pas se soumettre aux dures conditions
qu'on lui imposait, et qui attentaient ainsi aux priviléges de son royaume.

Il avait bien recommandé à ses officiers de s'y conformer. Mais, l'un d'eux Me Théodard, ignorant ses
projets, n'en avait tenu aucun compte, et c'est ce qui
avait causé la mauvaise humeur des membres du parlement.

Outre le roi, juge suprême, la justice de la basoche
se composait d'un chancelier, garde du scel de ce
royaume ; de douze maîtres de requêtes ordinaires et
extraordinaires qui prononçaient sur les causes qui
leur étaient présentées. Des procureurs et des avocats
étaient chargés de présenter et de plaider ces causes ;
un grand audiencier, des notaires, des secrétaires, un
trésorier et des huissiers complétaient le personnel de
cette justice appelée à prononcer sur les affaires surve-
nues entre clercs ou entre ceux-ci et les bourgeois, et
s'étendait non seulement sur les clercs et praticiens de
la cour du parlement, mais encore sur tous les autres
dépendant de cette cour.

Ce n'était donc pas une petite chose que d'être le
juge sans appel de cette masse de jeunes gens, et nous
donnerons une idée de cette puissance en disant que
le nombre des clercs, tant du parlement que du Châtelet, de la chambre des aides et de la cour des comptes,
s'élevait à plus de douze mille. Aussi choisissait-on
pour roi un des clercs les plus capables d'en imposer
à cette foule tant sous le rapport intellectuel que sous
celui de la force physique ; car dans les jugements des
causes, le roi était souvent dans la nécessité, avec des
plaideurs entêtés, d'employer des moyens touchants
pour faire valoir la force des jugements et de fermer la bouche au chicaneur avec un bon coup de
poing sur la mâchoire.

Plusieurs grands magistrats accordèrent leur protection à la basoche. Parmi ceux-ci, on cite le président Lamoignon, d'Harlay et Talon ; quelques envieux
ont prêté à cette protection des motifs inqualifia-
bles.

Les causes ou différends portés devant cette juridiction, et dont on retrouve les traces, sont, par exemple,
de clerc à clerc pour restitution de livres, hardes ou

argent, ou contre les clercs pour paiement de tailleurs, cordonniers, blanchisseuses, etc., ou pour risques ou batteries arrivées entre ou contre les clercs.

En 1639, le procureur général de la basoche fit assigner les administrateurs de l'hôtel de Bourgogne pour avoir à leur donner la comédie et leur livrer la loge accoutumée. Les administrateurs se pourvurent au Châtelet, et le lieutenant civil rendit contre la basoche un arrêt; mais la cour, par son arrêt du 7 septembre 1639, fit défense au prévôt de Paris ou à son lieutenant de prendre aucune connaissance de ce qui concernait la juridiction de la basoche, les maintenant en possession de leur justice et juridiction ordinaire pour juger entre les clercs du palais les causes tant civilés que criminelles.

Le prince des sots était de la dépendance du roi de la basoche; cette liaison venait apparemment de la représentation des pièces de théâtre (soties) où le prince des sots ne manquait pas de figurer avec les basochiens.

Le roi de la basoche avait aussi sa monnaie qui avait cours parmi ses sujets; cette monnaie était pareille à l'*aurum comicum* de Plaute, qui n'était autre chose que des lupins.

Le lecteur du chancelier est le principal officier de la basoche après le roi; son l'élection se faisait tous les ans, huit jours après la Saint-Martin. C'est lui qui a la garde du sceau où sont représentées les armes du royaume, composées d'une écritoire sur un champ fleurdelisé, le tout surmonté de casque et de morion en signe de royauté.

Le chancelier juge souverainement toutes les causes de son ressort avec douze maîtres de requêtes ordinaires, ou au moins sept.

Le grand aumônier est chargé de distribuer aux pauvres les amendes perçues pour être employées en œuvres pies.

Les trésoriers s'élisent deux ou trois jours avant le chancelier. Ils sont chargés de faire assembler le conseil tous les samedis à 11 heures, et de faire crier aux arrêts par trois fois par des huissiers du royaume.

Ils ont soin de faire abattre le mai du Palais et de le faire replanter le dernier samedi du mois de mai.

Ils reçoivent tous les *béjaunes* des nouveaux venus, un teston pour le commun et deux pour les gentilshommes; ils reçoivent aussi les amendes qui sont adjugées à la basoche par les cours supérieures et par leur propre justice.

Les quatre notaires secrétaires du royaume font et signent toutes les lettres de provision des officiers.

Le premier huissier assiste aux plaidoiries avec son mortier, les autres avec leurs bonnets et leurs baguettes; ils appellent les causes et escortent le chancelier et le conseil de la basoche.

La justice de la basoche est purement gratuite : on ne prend ni frais ni épices. Cependant le royaume a souvent des frais à soutenir, tant pour le mai qu'autres cérémonies; c'est pourquoi la chancellerie et les autres cours souveraines font souvent des gratifications à la basoche pour lui aider à supporter ces dépenses.

Les livrées ordinaires du royaume sont de taffetas bleu et jaune.

Il y a une foule d'arrêts du parlement, tantôt pour défendre, tantôt pour permettre les représentations des jeux de la basoche.

15 mai 1476 : arrêt qui fait défense aux clercs, tant du Châtelet que du Palais, de jouer publiquement farces, soties, moralités, ni autres jeux, sous peine de bannissement du royaume. Jean Léveillé, roi de la basoche, demanda cette permission l'année suivante au parlement, qui lui défendit expressément, ainsi qu'à Martin Maupin, officier, Théodart et autres, de jouer aucune farce sous peine d'être battus de verges.

Quand ces jeux étaient présentés au parlement, on les examinait et l'on y faisait les corrections que l'on y jugeait à propos, et l'on permettait alors aux basochiens de les représenter eu public.

En 1515, les receveurs de la basoche ne purent, la veille des Rois, représenter leurs danses et jeux à cause de la mort du roi. Ils présentèrent requête au parlement pour être dédommagés de leurs frais et avances. On leur accorda 60 livres, à condition qu'ils joueraient et danseraient.

Dans les montres que faisait la basoche, elle se partageait en bandes, et chaque capitaine de bande faisait prendre la forme des habillements de la compagnie. Ceux qui voulaient être de sa bande signaient et faisaient soumission de payer une amende de 10 écus s'ils étaient défaillants.

En 1528, un d'entre eux fit une bande de femmes; un de sa bande ne voulut pas satisfaire à son engagement; par arrêt du chancelier, et en exécution, on lui prit son manteau. Il fit citer le capitaine devant l'official de Paris : là-dessus appel comme d'abus en parlement, où plaidèrent de Uson, Poyet et Berruyer.

L'avocat du défaillant demanda pardon de sa faute. La cour, par son arrêt du 14 juillet, renvoya le défaillant devant le roi de la basoche, et lui ordonna de traiter amiablement ses sujets.

En 1713, le 7 septembre, le parlement, sur plusieurs requêtes, maintient les officiers de la basoche dans la possession de vérifier le temps de dix années de palais que doivent avoir ceux qui se présentent pour être admis aux charges de procureur en la cour, ordonne que ces officiers seront tenus d'avoir un registre parafé par le chancelier de la basoche, sur lequel s'inscriront sans frais ceux qui voudront demeurer dans les études de procureur en qualité de clerc, et de leur donner un certificat après l'expiration de dix années.

Il fut fait défense de recevoir plus de quinze livres pour le droit de chapelle, sans pouvoir exiger autre chose, soit en argent, jetons, repos, etc., etc., sous peine d'une amende de 500 livres, et d'être privé pendant six mois de leurs fonctions en la basoche, etc.

La montre de la basoche avait lieu tous les ans, et le roi, qui fut appelé *chancelié*, y conviait tous ses sujets et particulièrement les clercs du Châtelet; il y avait grande amende pour ceux qui y manquaient.

Arrêt du parlement de 1528, relatif à un clerc qui, ayant manqué à la montre, fut condamné et ses biens saisis; après pourvoi devant l'official de Paris, on déclara la cause renvoyée en la basoche, avec défense à tous juges d'examiner ces différends.

Ces montres étaient si grandes, que l'on venait de vingt lieues à la ronde pour les voir : le roi de France était averti du jour qu'elle devait avoir lieu, et tous les capitaines, lieutenants, porte-enseigne, devaient se tenir prêts.

François 1er, désirant voir cette montre, ordonna que le parlement vaquerait ce jour et le lendemain, à l'occasion d'une guerre qui avait éclaté en Guienne à cause des exactions des gabelleurs.

Le roi, à son retour de Bourges, Besse et autres lieux, s'enferma dans Paris et résolut de lever une armée. Le roi de la basoche s'offrit avec ses suppôts et 6,000 de ses sujets pour aller combattre les rebelles. Ils se comportèrent si bien, qu'à leur retour le roi leur demanda ce qu'ils voulaient. N'ayant rien désiré, il leur donna un lieu de promenade nommé le *Pré-de-la-Seine*, qui fut depuis ajouté au *Pré-aux-Clercs*.

Il leur permit de faire couper dans l'on de ces bois l'arbre qu'ils voudraient pour la cérémonie du plant du mai, qui se ferait tous les ans au son des trompettes et tambours, dans la cour du Palais, devant le grand perron ; et pour fournir aux frais, il leur accorda une certaine somme à prendre dans les amendes adjugées au roi, tant au parlement qu'en la cour des aides et des requêtes, leur donna gratuitement le timbre, casque et morion pour y écrire les arrêts du royaume.

La cérémonie de la plantation du mai était ordinairement suivie de l'acte de foi et hommage rendu par toutes les juridictions et corporations qui relevaient du royaume de la basoche. D'abord venait le prince de la basoche du Châtelet, chef des clercs de notaire, qui, au pied même du mai, venait rendre hommage au roi de la basoche et se reconnaissait comme son vassal ; puis venait l'empereur du haut et puissant empire de Galilée, composé de tous les commis de la cour des comptes, qui déposait aux pieds du roi de la basoche sa couronne de papier ciré ; puis enfin arrivait le prince des sots, déclarant que sa marotte était la très humble vassale de MM. les clercs du parlement.

Le roi, en bon prince, relevait avec bienveillance tous ces pouvoirs courbés devant sa grandeur ; et pendant que les secrétaires, greffiers et notaires leur délivraient acte de leur soumission, Sa Majesté basochienne fraternisait avec ses vassaux en vidant avec eux une cruche d'hypocras à la prospérité du royaume et des principautés en dépendant.

La cérémonie n'était pas encore finie là. Après les grands dignitaires, c'était la bourgeoisie ; et le barbier, le médecin, le peintre, le rôtisseur, le pâtissier, le cuisinier, le tavernier, l'orfèvre et le gantier, fournisseurs breveté des membres du royaume, venaient à leur tour déclarer se soumettre à la justice de la basoche pour tous les différends qui s'élèveraient entre eux et les clercs.

IX.

A mesure qu'on s'éloigne du moyen âge, le caractère des écoliers perd de son originalité. Pourtant on les retrouve toujours aussi turbulents. Ainsi, à la foire de Saint-Germain de 1609, on les voit, après s'être livrés à toutes sortes de débauches, lutter en petites batailles rangées avec des pages, les laquais et soldats des gardes. L'Estoile raconte « qu'un laquais coupa les deux oreilles à un écolier et les lui mit dans sa pochette, dont les écoliers mutinés, se ruant sur tous les laquais qu'ils rencontraient, en tuèrent et blessèrent beaucoup. » Les étudiants, sous Louis XIII, sont « plus débauchés que jamais, portant armes, pillant, tuant, paillardant

et faisant plusieurs autres méchancetés, les maîtres desquels négligent d'y mettre ordre, et ainsi, dérobent l'argent de leurs parents en débauches, saletés, et quelquefois emportent l'argent de leurs maîtres, en changeant tous les mois de nouveaux. » (*Caquets de l'accouchée*.)

Le même auteur, parlant des désordres que fit naître la solennité de la canonisation de sainte Thérèse, dit : « Si on eût allumé le feu à huit heures, on n'y eût pas perdu tant de manteaux ; tous les écoliers étaient en armes. » — Un arrêt du parlement, du 23 juin 1629, fait défense aux écoliers de s'attrouper et de porter des armes.

Voici un tableau fort curieux des mœurs de la jeunesse de ce temps :

« Il n'y a ni fils, ni petit-fils de procureur, notaire ou avocat qui ne veuille s'égaler avec les enfants des conseillers, maîtres des comptes, maîtres des requêtes, présidents et autres grands officiers. L'on ne peut les distinguer ni en habits ni en dépenses superflues. Ils hantent les banquets à deux pistoles par tête ; ils empruntent argent, jouent aux dez, au piquet, à la paume, à la boule, vont à la chasse, et font le même exercice des grands. Ils empruntent à usure de Traversier, de Dobillon et de l'Italien Jacomeny, qui sont les receleurs de la jeunesse ; et puis, qu'en advient-il enfin ? Ils sont contraints de faire l'amour à la vieille ou d'enjoler la fille d'une bonne maison, lui faire un enfant par avance, afin d'être condamnés à l'épouser... On ne voit que bâtards, que filles débauchées ; et toutes les autres qui sont honnêtes demeurent en friche, et n'ont pour toute retraite que la religion. » Le même censeur se récrie surtout contre les dévotions ou pèlerinages que les jeunes gens des deux sexes sont en usage de faire à Notre-Dame-des-Vertus et à d'autres églises des environs de Paris : « Ils n'y vont que pour grenouiller (boire avec excès), gourmander, rire avec les filles et autres insolences... vont s'ébattre pendant les vêpres... ne sont pas à jeun, se couchent dans les blés, gâtent, extravaguent tout, y folâtrent et y font ce que plusieurs enfants de Satan y font en commettant beaucoup de malices » — « A la vérité, reprend un écrivain qui cherche à adoucir ce tableau pour les écoliers, on en dit peut-être plus qu'il n'y en a : c'est quelquefois plus de jeunesse que de malice, et plutôt pour égayer leurs esprits que par méchanceté. » (*La Pourmenade du Pré-aux-Clercs.*)

Au XVII° siècle l'université perd toute son importance politique, bien que les étudiants assistent les ennemis des protestants dans leurs projets de les détruire. Elle n'envoie pas même de députés aux états généraux de 1614 ; Richelieu d'abord, Louis XIV ensuite, absorbent à eux seuls toute la puissance. La Sorbonne conserve encore, il est vrai, une ombre de souveraineté en matière religieuse ; mais après ses querelles du jansénisme, elle s'épuise en vains anathèmes contre la philosophie du XVIII° siècle. Quant à l'université proprement dite, Crévier, son historien, et le célèbre Rollin, voilà à peu près les seules illustrations par lesquelles elle a marqué avant d'être abolie.

Sous la Régence, l'instruction fut établie gratuite. On affecta des fonds spéciaux pour la rétribution des professeurs chargés d'enseigner. L'inauguration de l'enseignement gratuit eut lieu le 1er avril 1719. L'université fit éclater sa reconnaissance par des compliments au jeune roi, au dit régent, au garde des sceaux, et par une procession solennelle faite à Saint-Roch, où le cardinal de Noailles officia pontificalement.

Un homme qui se nommait Antoine Villon, et qu'on a prétendu être un descendant du célèbre François, fit quelque bruit parmi les étudiants de Paris au com-

Étudiants allant à la foire du *Lendit* à Saint-Denis.

mencement du XVIIᵉ siècle. C'était un gars déterminé qui se faisait appeler le *soldat philosophe*, pour montrer à la face de tous qu'il était fermement résolu à lutter en faveur de ce qu'il croyait être la vérité. Il s'était avisé, conjointement avec Jean Bitaut et Etienne de Claves, médecin-chimiste, de faire afficher publiquement des thèses latines contre la doctrine d'Aristote. La faculté de théologie de Paris, alors tout aristotélicienne, présenta contre eux requête au parlement, qui les bannit de son ressort, par arrêt du 4 septembre 1624.

Ceux qui s'érigent en francs juges de la pensée et de la science n'ont jamais procédé autrement. Ils commencent, avant de contrôler la valeur d'une question, par condamner celui qui l'a soulevée, quitte ensuite à reconnaître que la question était bonne en soi et que son auteur avait raison. Souvent, hélas ! il n'est plus temps. L'investigateur est honoré comme martyr, et presque toujours sa découverte profite à ses bourreaux.

Villon avoit pris les devants. Fortement menacé d'être enfermé avec Théophile dans le cachot de Ravaillac, il s'était prudemment enfui.

Le traducteur des thèses de l'accusé, Jean-Baptiste Morin, qui l'a en même temps réfuté, dépeint ainsi Antoine Villon :

« C'étoit un esprit tout de feu, auquel si on parloit de quelque science que ce fût, philosophie, astrologie, chimie, cabale, théologie, médecine, jurisprudence, il les sçavoit toutes, et, a son avis, mieux que tous les hommes du monde. Il avoit leu en public l'astrologie judiciaire, sans sçavoir ni astrologie, ni une seule règle d'arithmétique, et quant en avoit mis en lumière un livre, qui n'étoit autre chose que la traduction d'Origan..... Enfin, Villon et de Claves estoient deux esprits volatils, encore plus malaisés à fixer que le mercure et l'arsenic; ou bien ils estoient deux mixtes incorporels, où il ne manquoit ni souphre, ni mercure, mais il y manquoit du sel. »

Etudiants folâtrant dans les blés.

Mais comme Morin lui-même est quelquefois, assez extraordinaire et fort chicaneur, il est bon d'en rabattre de ses discours et de ne l'écouter qu'avec circonspection. Tous les auteurs qui ont parlé de l'affaire de ces trois philosophes, protestent contre la sévérité du jugement qui les frappe, et condamnent à leur tour les plaintes des théologiens et la décision du parlement.

De ces faits isolés passons maintenant aux grandes écoles que nous a léguées cette dernière période.

Sous Louis XIII, les jésuites avaient pu enseigner librement la jeunesse et rouvrir leur collége de Clermont. Louis XIV les combla de ses faveurs. Cependant, ayant été invité, en 1674, à assister à la représentation d'une pièce pleine de flatteries à son adresse, il dit à un seigneur qui lui parlait du succès de cet ouvrage : « Faut-il s'en étonner ? c'est mon collége ! »

Le recteur prit à la lettre ces paroles royales, et,

pour se mettre dans les bonnes grâces du monarque, il eut l'idée de faire enlever nuitamment l'inscription placée au-dessus de la porte du collége (*Collegium Claromontanum societatis Jesu*) pour la remplacer par celle-ci : « *Collegium Ludovici Magni* (Collége de Louis le Grand). » Ce trait de basse adulation fut dignement flétri dans un distique latin dont voici le sens en vers françois :

La croix fait place aux lis, et Jésus-Christ au roi ;
Louis, ô race impie, est le seul Dieu chez toi.

L'auteur de cette satire était un élève de ce collége, âgé d'environ 16 ans. Il fut jeté à la Bastille, puis à la citadelle de l'île Sainte-Marguerite, ensuite réintégré à la Bastille. Il resta trente et un ans prisonnier.

A l'expulsion des jésuites, en 1763, le collége de Lisieux fut transféré dans celui de Louis-le-Grand, et l'université y tint ses assemblées. Organisé sous une forme nouvelle en 1792, il reçut le nom de *Collége de l'Egalité*; en 1800, celui de *Prytanée*; en 1802, celui de *Lycée impérial*. On lui rendit, en 1814, le nom des *Jésuites*; en 1830, il reprit celui de *Louis-le-Grand*.

Nous avons dû ne nous occuper que de ce collége, à cause de son origine, et parce que vingt autres colléges de *moyen* exercice lui furent incorporés. On entendait par collége de *plein* exercice ceux qui comprenaient depuis les basses classes jusqu'à la philosophie.

Le collége du Plessis avait été réuni à la Sorbonne, appelée Collége du Plessis-Sorbonne. Ses bâtiments tombaient en vétusté. Richelieu les fit reconstruire sur un vaste plan, et fit placer dans la chapelle le tombeau qui devait le recevoir.

« La Sorbonne, dit Mercier, doute elle-même de sa théologie, et connaît très bien le vide et le ridicule de ses thèses et de ses censures. Elle hasarde de dire que Moïse était meilleur naturaliste que Buffon, mais elle n'en croit rien. La théologie a tout gâté dans le monde: elle a redoublé les terreurs de l'homme, au lieu de les calmer; elle l'a rendu superstitieux, au lieu de le rendre heureux. La Sorbonne a dû briller dans les siècles de ténèbres, parce qu'elle avait alors des connaissances fort au-dessus du commun des hommes, mais elle a défiguré toutes les sciences en voulant les asservir à ses décisions.... et ses travaux bizarres ont enfanté les contradictions les plus étonnantes.... Comme ce sont des places lucratives, les documents de toutes couleurs, les thèses et les discours iront leur train. Si tant de gens se font tuer pour quelque argent, faut-il s'étonner que d'autres déraisonnent sciemment à un plus haut prix? Tout ce qu'il y a de remarquable à cette heure en Sorbonne, c'est le mausolée du cardinal de Richelieu, qui forma la Sorbonne et l'Académie française, deux corps qui pensent de même et qui se combattent, le tout pour fixer les regards et pour exister. »

Richelieu fonda aussi le jardin des plantes, sur les instances de Labrosse, médecin du roi.

Le fameux *Pré-aux-Clercs* qui, depuis 1215, était un rendez-vous de galanterie, de duels, de débauches et de séditions, fut envahi, sous Louis XIV, par les maisons qui se bâtissaient sur son emplacement.

Ce fut seulement en 1679 que le droit civil put être enseigné sans obstacle. Louis XIV ordonna par un édit le rétablissement de la chaire de droit romain qu'on avait tolérée temporairement, comme on l'a vu plus haut, au XV° siècle. La plus ancienne école de droit se trouvait rue Saint-Jean-de-Beauvais; ce local devint insuffisant. Sous Louis XV, on construisit, d'après les dessins de Soufflot, l'édifice que nous voyons aujourd'hui, de manière à ce qu'il parût, du côté de la place, l'église Sainte-Geneviève, ou bis le Panthéon. Avant la révolution, la faculté de droit se composait de six professeurs en droit civil et canon, d'un professeur en droit français et de douze agrégés. Toutes les facultés de droit, en France, languissaient alors dans l'état le plus déplorable.

« Les docteurs en droit, pour être reçus, font assaut public d'arguments. Celui qui a le plus de mémoire démonte son adversaire et l'emporte. C'est un tour de force incroyable que de loger dans sa tête cet absurde et indigeste amas de lois, de gloses, de commentaires. Une tête bien organisée en sauterait. Celle d'un docteur admet ce chaos que l'on nomme *droit civil* et *droit canon*, le Code, le Digeste, les lois romaines, toute la friperie enfin des siècles effacés, et qui ne convient plus du tout à notre taille. Là, celui qui veut acheter une charge, va prendre le grade d'avocat et fait semblant d'étudier le droit. On ne voit les professeurs que les jours où l'on porte l'argent des matricules. Les docteurs en droit se font un revenu honnête des prétendants aux charges de judicature. S'ils usaient de trop de sévérité, leurs marmites seraient à sec. Les arguments qu'on fait subir sont pour la forme; les arguments sont communiqués, et il ne faut guère plus de science, a dit le marquis d'Argens, pour être conseiller au parlement que pour être fermier général... « Votre » fils, disait quelqu'un, fait son droit; mais y songez- » vous? il n'a pas les qualités requises pour le barreau. » — Mais j'en fais un conseiller, » reprit le père.

Pendant la révolution, les écoles de droit furent suspendues. Cependant deux écoles particulières s'établirent : l'une, rue de Vendôme; l'autre, dans les bâtiments du collége d'Harcourt, rue de la Harpe. La première portait le titre d'*Académie de législation*; la seconde, celui d'*Université de jurisprudence*. Un décret du 13 mars 1804 réorganisa l'École de droit; il régla les matières qui y seraient enseignées, les cours d'études, les examens et les degrés, etc. Dès lors tout changea de face. Les élèves furent astreints à suivre les cours pendant trois années, à subir quatre examens et à soutenir un acte public. L'édifice de l'École de droit étant devenu insuffisant, une seconde section fut établie dans l'église de Sorbonne.

Le collége de France, commencé sous Henri IV et achevé sous Louis-XV, a été reconstruit en grande partie depuis 1830, d'après les dessins et sous la direction de M. Letarouilly, architecte. Il comptait avant 89 vingt et un cours.

L'édifice où se trouve actuellement l'école de médecine et de chirurgie fut construit par l'académie de chirurgie, qui l'occupa jusqu'à l'organisation nouvelle, qui a substitué au collége de chirurgie l'*école de santé*, sous la grande révolution, et enfin, la faculté de médecine telle qu'elle est constituée aujourd'hui. Louis XVI posa, en 1774, la première pierre de ce monument élevé sur l'emplacement de l'ancien collége de Bourgogne et du couvent des cordeliers.

L'université, sous le rectorat de Delneuf, reçut, le 22 mars 1792, par le département, un décret de l'assemblée nationale, qui suspendait toute nomination de recteur, et en confiait provisoirement les fonctions au professeur Binet, jusqu'à la prochaine organisation de l'instruction publique. Pour se conformer à ce décret, les places vacantes des professeurs qui avaient été destitués furent remplies par des agrégés qui se soumirent aux serments qu'il exigeait. Enfin l'université, après sa dernière distribution de prix, le 24 août, s'éteignit avec l'autorité royale, et l'instruction publique fut réorganisée sur un nouveau plan. Les facultés furent supprimées à titre de *corporations*, et remplacées les unes par les *écoles centrales*, les autres par les facultés de droit et de médecine.

De toutes les universités de l'Europe, celle de Paris était incontestablement la plus célèbre; elle était regardée comme l'un des premiers et des plus illustres corps du royaume. Les rois la nommaient *leur fille aînée*, et ce titre donnait au recteur des prétentions et des prérogatives dans les cérémonies publiques; il prétendait avoir le pas après les princes du sang. Aux funérailles des princes, il marchait à côté de l'archevêque de Paris; son habit de cérémonie était une soutane violette, une ceinture de la même couleur avec des glands d'or, une épitoge fourrée d'hermine, et une escarcelle ou bourse à l'antique.

Outre l'université de *Paris*, on comptait en France vingt deux autres universités; en voici le tableau qui ne se trouve nulle part :

1° Celle d'*Aix*, fondée par le pape Alexandre, en 1409, et rétablie par Henri IV en 1603;

2° Celle d'*Angers*, fondée en 1364 par Charles V, renommée pour la théologie ;

3° Celle de *Dôle*, fondée par Philippe le Bon, duc de Bourgogne, en 1426, et transférée à Besançon par Louis XIV en 1691 ;

4° Celle de *Bordeaux*, érigée en 1473 par Louis XI ;

5° Celle de *Bourges*, en 1465, célèbre par l'étude du droit au temps de Cujas ;

6° Celle de *Caen*, fondée par Charles VII, en 1432, sous le règne de Henri VI, roi d'Angleterre ;

7° Celle de *Dijon*, fondée en 1722 ;

8° Celle de *Douai*, établie en 1562, par Philippe II, roi d'Espagne ;

9° Celle de *Montpellier*, en 1289, par le pape Nicolas IV, confirmée par François Ier en 1537, la plus célèbre de toutes pour l'étude de la médecine ;

10° Celle de *Nantes*, fondée par le pape Pie II, à la prière de François II, vers l'an 1460 ;

11° Celle de *Nancy*, établie en 1769 ;

12° Celle d'*Orléans*, érigée en 1305, par le pape Clément V, et confirmée par le roi Philippe le Bel en 1312 ;

13° Celle de *Pau*, en Béarn, instituée en 1722 ;

14° Celle de *Perpignan*, fondée en 1349 par Pierre d'Aragon ;

15° Celle de *Poitiers*, fondée par le pape Eugène IV et Charles VII en 1431, fameuse par l'étude du droit ;

16° Celle de *Reims*, érigée en 1548 par Charles, cardinal de Lorraine ;

17° Celle de *Strasbourg*, établie en 1538 ;

18° Celle de *Toulouse*, en 1223, par saint Louis, et confirmée par une bulle du pape Grégoire IX, renommée dans tous les temps pour l'étude du droit ;

19° Celle de *Grenoble*, fondée par le dauphin Humbert II, et transférée à Valence par Louis XI, en 1454 ;

20° Celle de *Cahors*, fondée par le pape Jean XXII, sous le règne de Philippe de Valois ;

21° Celle de *Besançon*, fondée par Ferdinand, empereur d'Allemagne, en 1564 ;

22° Celle de *Tournon*, fondée en 1560 par le cardinal de ce nom.

Nous n'avons pas voulu couper notre récit par l'histoire des principaux colléges, au fur et à mesure de leur fondation. C'est ici le lieu, après la nomenclature des facultés, de parler des établissements qui méritèrent la plus grande célébrité. Nous en parlons principalement d'après Dulaure.

Les XIIIe et XIVe siècles et ceux qui les suivirent nous offrent un grand nombre de fondations de colléges ; les fondateurs avaient généralement plus de zèle que de prudence et de prévision ; ils affectaient à ces établissements des revenus excessivement minimes, et qui dans la suite le devinrent encore bien davantage. Presque tous ces revenus étaient en numéraire ; ils durent donc éprouver une diminution considérable, lorsque la découverte de l'Amérique au XVIe siècle vint rendre le numéraire plus commun et par conséquent en diminuer la valeur. Aussi voit-on, à partir de cette époque, plusieurs colléges, qui jusqu'alors avaient pu nourrir et entretenir leurs quelques boursiers, dépérir, végéter et disparaître entièrement. Il faut donc bien se garder de se laisser éblouir par les mots ; il y avait une différence immense, incalculable, entre les colléges du moyen âge et les nôtres : chaque règne en voyait s'établir plusieurs ; mais qu'étaient-ils ? de quels éléments se composaient-ils ? D'un principal, de quelques maîtres, dominant, écrasant sous leur férule dix ou douze pauvres écoliers, qui, n'ayant pour subsister que trois ou quatre sous par semaine, étaient obligés de mendier dans les rues, ou de se vouer à quelque métier avilissant dans les églises ou les maisons particulières. Voilà ce que c'était qu'un collége d'alors, à quelques rares exceptions près ; il y a loin de cette humiliante pauvreté, de cette misère scolastique à nos pompeux colléges, qui reçoivent dans leur enceinte des centaines d'écoliers et qui étalent fastueusement le nombre de leurs professeurs.

Du temps de Rabelais, le collége de Montaigu se trouvait dans un état déplorable. Les écoliers, rongés par la vermine que l'on nommait *épervier de Montaigu*, étaient cruellement tyrannisés par leurs maîtres. Antoine Tempette, principal du collége, tyrannisait ses écoliers, qui se vengeaient souvent de sa sévérité outrée par des satires.

En 1683, on modifia beaucoup les règlements de ce collége, qui se maintint en plein exercice jusqu'en 1792, époque de sa suppression. Ses bâtiments furent ensuite convertis en hôpital, puis ensuite en prison militaire, ensuite en caserne, et enfin destinés à remplacer provisoirement la bibliothèque Sainte-Geneviève.

Nous citerons tout d'abord le collége de Montaigu qui avait ses règlements *in extenso*. Par celui-là on pourra juger des autres.

COLLÉGE DE MONTAIGU. — Ses premiers fondateurs furent Gilles Aicelin, archevêque de Rouen, qui donna à ses neveux toutes ses maisons de Paris, à condition que des prix du loyer ils entretiendraient autant de pauvres écoliers qu'il y aurait, de 10 livres tournois de rente.

Pierre de Montagu, cardinal de Laon, contribua aussi à l'avancement de ce collége par son testament du 7 novembre 1388 ; il fonda six bourses pour les nouveaux écoliers du collége des Aicelins, qui étudieraient en droit canon et en théologie.

Un autre cardinal de la même maison de Montagu contribua aussi à l'augmentation du collége.

D'après les dispositions de Gilles Aicelin et des deux cardinaux, les écoliers du collége devaient avoir deux grandes maisons et d'autres petites dans la rue Saint-Étienne des Grès, tenant d'une part à la rue des Sept-Voies, et d'autre à la rue qui conduisait de la rue des Sept-Voies à la chapelle Saint-Symphronien.

Louis de Montagu, dit de Lislenois, chevalier, prétendit que ces maisons lui appartenaient, comme neveu de l'archevêque de Rouen et des deux cardinaux, mais il consentit, par les bons conseils de Bernard de Loure, évêque de Langres, que ces maisons restassent à perpétuité aux écoliers par un acte dressé le lundi 17 février 1392, à condition qu'il s'appellerait désormais le collége de Montagu.

Le 25 de juillet 1402, Philippe, ci-devant évêque d'Evreux, et alors de Noyon, principal exécuteur testamentaire du cardinal de Laon, dressa les statuts du collége de Monthgu, dit, avant, le collége des Aicelins.

Il assigna au maître, 4 sous parisis par semaine, 4 sous tournois à chaque prêtre capelin, et 2 sous à chacun des trois élèves.

Il paraît que ce collége ne fut pas bien entretenu, car, en 1483, les bâtiments tombaient en ruine, lorsque Jean Standone, maître ès arts et théologien, fut élu principal. Louis Malet, amiral de France, le releva un peu en fondant douze bourses, à condition que le maître du collége n'aurait d'autre pouvoir sur eux que de les corriger quand il les trouverait en faute.

Ce Jean St[illegible] fit de nouveaux règlements pour le collége.

Le maître fut élu d'entre les écoliers, et porterait le nom de ministre des pauvres.

Il établit deux correcteurs pour surveiller les écoliers qui sont portés, dans ce règlement, au nombre de quatre-vingt-huit douze en l'honneur des apôtres, et soixante-douze en l'honneur des disciples.

L'habit du collége consistait en une cape fermée par devant, comme en portaient les maîtres ès arts de la rue du Fouarre, et un camail, aussi fermé par devant et par derrière.

De cette cape on donne aux écoliers le nom de *capeles*, qui fut l'effroi de la jeunesse de Paris.

Dans les règlements de ces statuts il est dit que cette société sera divisée par quart, qui, chacun à son tour, se lèvera à minuit pour chanter l'office des *Matines*, et les autres à trois heures pour l'office de la Vierge.

Chaque quart, en commençant sa semaine, devra se confesser.

Le silence sera observé depuis le souper jusqu'à la messe de dix heures.

On portera toujours le camail, soit au dedans, soit au dehors de la maison, et la cape quand on sortira à l'extérieur.

Les prêtres seuls auront l'usage du vin, mais en petite quantité, et mélangé d'eau, c'est-à-dire une pinte partagée en trois, où il y aura un quart d'eau.

Les repas seront frugaux.

Chacun aura, pour entrée, la trentième partie d'une livre de beurre, ou des pommes cuites, ou des pruneaux, suivie d'une soupe aux légumes sans graisse, avec un demi-hareng ou un œuf à chaque écolier, et un hareng entier, ou deux œufs à chaque théologien, ce qui sera suivi d'un peu de fromage.

On gardera la vie quadragésimale, et l'on jeûnera tous les vendredis. Le costume est de couleur grise-noirâtre pour les écoliers, et tout noir pour les théologiens.

Le prix des étoffes ne devra pas passer vingt sous parisis l'aune.

Chacun dans sa semaine servira à son tour dans la cuisine et le réfectoire.

Il y avait, dans le collége, deux chapelles, l'une, haute, destinée aux pauvres écoliers, et un oratoire bas pour les écoliers riches, où l'office divin se célébrait.

Le maître de Montagu jouissait de priviléges assez importants qui furent le sujet d'un procès entre lui et le curé de Saint-Étienne-du-Mont, qui fut porté en parlement, qui, par arrêt du 24 janvier 1510, maintint le curé dans les droits curiaux du collége, mais permit aux maîtres et écoliers d'y célébrer la messe et l'office divin, d'y garder la sainte hostie, et permet aux prêtres d'administrer les sacrements de pénitence et de l'autel aux écoliers, moyennant le paiement des droits accoutumés au curé, à Pâques.

Noël Beda fut le successeur de Jean Standonc ; sa sévérité attira la verve poétique de ses écoliers. En 1683, on fit de nouveaux règlements pour le collége de Montagu. (Félibien, l. XI, p. 526.)

L'anecdote suivante, que nous trouvons dans Rabelais, donne une idée suffisante de la propreté du collége de Montagu :

Grandgosier, voyant Gargantua se peigner et laisser tomber de ses cheveux des boulets de canon, croyant que c'étaient des poux, lui dit :

« Dea, mon bon fils, nous as-tu apporté jusques ici des éparviers de Montagu?

» Adonc Ponocrates répondit : Seigneur, ne pensez que je l'aye mis au collége de pouillerie qu'on nomme Montaigu : mieux l'eusse voulu mettre entre les guenaux de saint Innocent, pour l'énorme cruauté de villenie que j'y ai cognue : car trop mieux sont traités les forçaires entre les Maures et Tartares, les meurtriers en la prison criminelle, voire certes les chiens en votre maison, que ne sont ces malotrus audit collége, et si j'étois roi de Paris, le diable m'emporte si je ne mettois le feu dedans et ferois brûler et principal et régents, qui endurent cette inhumanité devant leurs yeux être exercée. »

Érasme tomba malade pour avoir occupé au collége de Montagu une chambre malsaine où on ne le nourrissait que d'œufs corrompus.

COLLÉGE DE NAVARRE ; rue de la Montagne-Sainte-Geneviève, fondé en 1304 par Jeanne de Navarre, épouse de Philippe le Bel. Ruiné pendant les guerres civiles de Charles VI, rétabli en 1464 par Louis XI, il obtint des priviléges et des revenus pour l'accroître.

Dans son histoire du Nivernais, Coquille dit que le roi en est le premier boursier, et que le revenu de sa bourse est destiné à l'achat des verges avec lesquelles on fouette les écoliers (102).

On faisait, à ce qu'il paraît, un terrible abus de la fustigation dans ce collége ; on lit dans les registres du parlement, 25 et 27 janvier 1576, que Julien Pelletier, sous-maître des artiens, avait fait fustiger un écolier, nommé Denis Lebègue, et l'avait, disent les registres, « si extrêmement et cruellement battu, qu'à le voir il faisoit horreur. » Le parlement condamne Pelletier à s'abstenir pendant un an de ses fonctions, à payer à l'écolier 60 livres de dommages et à garder la prison jusqu'au paiement intégral (103).

Le fameux docteur Nicolas Clémengis, proviseur de ce collége, un des écrivains du XVe siècle qui ont dévoilé avec le plus de zèle les abus de Rome, fut inhumé dans la chapelle et sous la lampe qui brûlait devant l'autel, avec cette épitaphe :

QUI LAMPAS FUIT ECCLESIÆ, SUB LAMPADE JACET.

Jean de Launoy, célèbre critique surnommé le *dénicheur de saints*, fut grand maître de ce collége.

SAINTE CATHERINE-DU-VAL-DES-ÉCOLIERS. — Les chanoines du Val-des-Écoliers, au diocèse de Langres, voulant établir une maison à Paris pour que les jeunes gens de leur ordre pussent suivre les cours de l'université, se firent donner en 1228, par un bourgeois de Paris, un terrain de 3 arpents situé près de la rue Baudet. Pierre de Breun leur concéda aussi un champ contigu. L'église et le collége furent bâtis en 1239. Quoique cette maison fût riche par elle-même et par les bienfaits de saint Louis, ceux qui l'habitaient ne craignaient point de mendier dans les rues de Paris.

C'est du moins ce que leur reproche Rutebœuf dans ses Ordres de Paris:

« Li Vau des Escoliers m'enchante qui quièrent pain et si ont rente et vont à cheval et à pied. »

Il se plaint aussi de leur ingratitude envers l'université, qui les avait admis en son sein, et qui n'éprouva d'eux que de mauvais procédés. Cette maison ayant cessé d'être collége, fut habitée par des prêtres extrêmement déréglés ; en 1636, les chanoines du Val-des-Écoliers consentirent à la réunion de leur ordre à celui de la congrégation de Sainte-Geneviève.

On démolit cette maison en 1782 et en 1783. M. d'Ormesson, contrôleur général, posa sur son emplacement la première pierre du marché Sainte-Catherine.

COLLÉGE DE BEAUVAIS OU DE DORMANS, fondé en mai 1370 dans le quartier de l'Université appelé le Clos-Bruneau, par Jean de Dormans, évêque de Beauvais, où il avait acheté quelques maisons des maîtres du collége de Laon et de Soissons, pour douze boursiers, un maître, un sous-maître et un procureur, en tout quinze personnes, nées dans la commune de Dormans, lieu de naissance du fondateur, ou dans les communes voisines. En 1371, il fonda cinq autres bourses, plus trois officiers de collége qui devaient être prêtres dans l'année. En 1372, il augmenta de sept nouveaux boursiers. Ils vivaient en commun, portaient la tonsure et l'habit bleu ou violet, et tenus sous une discipline exacte. Cet évêque leur laissa des biens assez considérables, plus par son testament 1,500 francs d'or pour être employés en rentes. Son neveu Miles de Dormans, évêque d'Angers, de Bayonne, puis de Beauvais, fit construire la chapelle du collége ; le roi Charles V en posa la première pierre ; elle fut dédiée à saint Jean l'évangéliste : de là Saint-Jean de Beauvais. La dédicace de la chapelle se fit le 29 avril 1380. Jean-Richard du Chesne y fonda deux bourses en faveur des pauvres écoliers de la châtellenie d'Arceis en 1450. Le 29 septembre, Jean Natin, procureur du collége, y fonda un chapelain et deux bourses. En 1501, 6 et 7 août, par le dénombrement, il y a un maître, un sous-maître, cinq chapelains, vingt-huit boursiers, deux clercs de chapelle et un valet pour les servir.

Contestation survenue entre l'abbé de Saint-Jean-des-Vignes et Guillaume de Dormans à l'occasion de la juridiction du collége, 13 mai 1389. Bulle du pape qui accorde la présentation de toutes les places du collége à l'abbé de Saint-Jean-des-Vignes, et la collation à Guillaume de Dormans, après lui à la cour du parlement.

Chaque boursier avait 14 sous parisis par semain

dans la fondation, quoiqu'ils vécussent en commun. Les troubles par la suite les forcèrent à faire séparément leurs provisions. En 1631, chaque boursier avait 30 sous par semaine; en 1720, les bourses valaient 50 sous par semaine.

Sur la fin du xvi⁰ siècle, les professeurs qui enseignaient dans la rue du Fouarre commencèrent à se retirer dans les colléges. Le collége de Beauvais reçut des régents et des professeurs, et commença à tenir des écoles publiques qui furent très florissantes. Le maître du collége prit alors le titre de principal. Saint François-Xavier y enseigna en 1531. Ce collége, qui était contigu à celui de Presle, lui a été uni, pour les classes seulement, de 1597 à 1699. A cette époque, il s'appelait *Collegium Prellæo-Bellovacum* ; il en fut séparé par une muraille et reprit son nom de *Dormano-Bellovacum*.

COLLÉGE MAZARIN ou des *Quatre-Nations*, quai de la Monnaie ou de Conti. — Mazarin, par son testament du 6 mars 1661, ordonna qu'il serait fondé un collége sous le titre de *Mazarini* pour soixante gentilshommes, ou principaux bourgeois de Pignerol ou de son territoire, ou de l'État ecclésiastique, d'Alsace, d'Allemagne, de Flandre et de Roussillon. Ces nations étaient seules admises dans ce collége, et de là lui vint le nom de collége des *Quatre-Nations*.

Ces soixante jeunes gens devaient être gratuitement logés, nourris, instruits dans la religion, dans les belles-lettres, devaient apprendre à faire des armes, à monter à cheval, à danser. Mazarin légua aussi la bibliothèque du collége et deux millions pour les frais de construction.

Par lettres patentes de juin 1665, Louis XIV ordonna l'exécution de ce testament, et voulut que le collége fût réputé de fondation royale.

Les exécuteurs testamentaires achetèrent en conséquence ce qui restait de l'hôtel de ce séjour de Nesle et plusieurs maisons voisines; ils firent jeter les fondations de ce collége sur les dessins de Leveau et exécution de Lambert et d'Orbay.

Nous sommes heureux de voir, en terminant ce travail, que la méthode que nous avons employée, afin d'en soutenir l'intérêt, s'est rencontrée de point en point avec celle suivie par Chateaubriand dans la page qu'il consacre (*Études historiques*) à l'examen de l'éducation au moyen âge.

Voici cette magnifique récapitulation qui couronne on ne peut mieux tout ce que nous venons de dire.

« ..... Le monde moderne a présenté un phénomène dont il n'y a aucun exemple dans le monde ancien : les enfants des barbares se séparèrent de leur race par l'éducation. Confinés dans des colléges, ils apprirent des langues que leurs pères ne parlaient point, et qui cessaient d'être parlées sur la terre; ils étudiaient des lois qui n'étaient pas celles de leur nation; ils ne s'occupèrent que d'une société morte, sans rapport avec la société vivante de leur temps. Les vaincus sortis d'un autre sang, et perpétuant le souvenir de ce qu'ils avaient été, renfermèrent avec eux les fils de leurs vainqueurs comme des otages.

» Il se forma, au milieu des générations brutes, un peuple d'intelligence hors de la sphère où se mouvait la communauté matérielle, guerrière et politique. Plus l'esprit autour des écoles était simple, grossier, naturel, illettré, plus, dans l'intérieur de ces écoles, il était raffiné, subtil, métaphysique et savant. Les barbares avaient commencé par égorger les prêtres et les moines, devenus chrétiens ils tombèrent à leurs pieds. Ils s'empressèrent de contribuer à la fondation des colléges et des universités; admirant ce qu'ils ne comprenaient pas, ils crurent ne pouvoir accorder aux étudiants trop de priviléges. Une véritable république, ayant ses tribunaux, ses coutumes et ses libertés, s'établit pour les enfants au centre même de la monarchie des pères.

» ..... On voit dans les hagiographes et les chroni-

queurs que le même écolier, afin d'embrasser les diverses branches des sciences, étudiait successivement à Paris, à Oxford, à Mayence, à Padoue, à Salamanque, à Coïmbre. L'université de Paris avait une poste à son usage longtemps avant que Louis XI eût un pareil établissement.

» On sent quelle activité les institutions universitaires, dégagées des lois nationales, devaient donner aux esprits, combien elles devaient accroître le trésor commun des idées : or tout arrive par les idées; elles produisent les faits, qui ne leur servent que d'enveloppe.

» ..... Les universités et les colléges furent autant de foyers où s'allumèrent comme des flambeaux les génies dont la lumière pénétra les ténèbres du moyen âge : nuit féconde, puissant chaos dont les flancs portaient un nouvel univers. Lorsque la barbarie envahit la civilisation, elle la fertilise par sa vigueur et sa jeunesse; quand, au contraire, la civilisation envahit la barbarie, elle la laisse stérile; c'est un vieillard auprès d'une jeune épouse : les peuples civilisés de l'ancienne Europe se sont renouvelés dans le lit des sauvages de la Germanie; les peuples sauvages de l'Amérique se sont éteints dans les bras des peuples civilisés de l'Europe.

» Saint Bernard, Abeilard, Scott, Thomas d'Aquin, Albert-le-Grand, Roger Bacon, Yves de Tréguier, Guillaume de Nangis, Jehan de Meung, Guillaume Duranty, Jean Adam, Guillaume Pelletier, Albert de Saxe, Froissart, Nicolas Flamel, Accurse, Barthole, Pierre d'Ailly, Nicolas Clémengis, Gerson, Jean de Courtecuisse, Vincent Ferrier, Juvénal des Ursins, Pic de la Mirandole, Chartier, François Villon, Robert Gauguin, et plusieurs autres, forment la chaîne de ces hommes qui nous amènent des premiers jours du moyen âge au temps de la renaissance des lettres.

» Ces hommes, avec des talents divers, formaient des écoles, avaient des disciples, comme les anciens philosophes de la Grèce, etc.

» Vers 1050, les écrits d'Aristote ayant été apportés par les Arabes en Europe, d'abord en Espagne, puis d'Espagne en France, Bérenger et Abeilard firent revivre la doctrine du Stagyriste; mais les Pères grecs et latins ayant depuis longtemps frappé d'anathème cette doctrine, un concile, tenu à Paris en 1200, condamna au feu les écrits dans lesquels elle était renfermée. L'interdiction dura plus de quatre-vingts ans; on se relâcha ensuite, et en 1447, on n'enseigna plus d'autre philosophie que la sienne. Un siècle après, Ramus, qui osa s'élever contre sa doctrine, fut la victime du fanatisme scolastique.

» Duranty, Barthole, Alciat, plus tard Cujas furent les lumières du droit. On se fera une idée de l'influence que ces hommes exerçaient sur leur temps, en rappelant les effets de leurs leçons. La classe où Albert-le-Grand enseignait ne suffisant plus à la multitude des auditeurs, il se vit obligé de professer en plein air, sur la place qui prit le nom de Maître-Albert. Inutile..... inutile de parler d'Abeilard, ses succès sont assez connus.

» ..... Le nombre des écoliers de l'université de Paris était immense. Appelée à donner son vote sur la question de l'extinction du schisme, l'université fournit dix mille suffrages. Elle proposa d'envoyer à un enterrement vingt-cinq mille écoliers pour en augmenter la pompe. On voit ce grand corps figurer dans toutes les crises politiques de la monarchie et particulièrement sous les règnes de Charles V, VI et VII. Factieux ou fidèle, il lâchait ou retenait les flots populaires, tandis que des esprits novateurs, élevés à ses leçons, agitaient les questions religieuses, poussaient, par la hardiesse de leurs doctrines, par leurs déclamations contre les vices du clergé et des grands aux réformes dont Arnoldi de Brescia avait donné l'exemple en Italie, et Wickleff en Angleterre. »

Maintenant que nous venons d'écrire l'histoire des *Étudiants d'autrefois*, nous tenons à prouver la sincérité de notre travail en indiquant les sources authentiques auxquelles nous avons puisé. Voici donc nos autorités :

Chroniques de Froissart, 1326-1408 ;
Christine de Pisan, Vie de Charles V ;
Juvénal des Ursins, Charles VI ;
Monstrelet, de 1404 à 1441 ;
Mathieu de Coussy, continuateur de Monstrelet jusqu'à 1483 ;
Jean de Troyes, Chronique de Louis XI ;
Georges Chastelain, Chroniques diverses ;
Philippe de Comines ;
Jacques Duclercq, Mémoires de 1448 à 1467 ;
Chronologie de *Palma Cayet* ;
Suger, Vie de Louis le Gros ;
Cardinal de Retz, Mémoires ;
Saint-Remy, Histoire de Charles VI ;
Journal de Paris sous Charles VI ;
Journal de l'Étoile ;
Nicolas Giles, Chroniques et Annales de l'histoire de France ;
Chronique de Saint-Denis ;
Nangis, Chroniques, et son continuateur ;
Ordonnances de France ;
Henri Martin, Histoire de France ;
Laurière, Ordonnances des rois de France ;
Robert Gauguin, la Mère des chroniques ;
Bibliothèque de *Lacroix-Dumaine* ;
Dubellay, Mémoires ;
Melchior Tavernier, Plans de Paris ;
Camusat, Mélanges historiques ;
Péréfixe, Histoire de Henri IV ;
Journal de *Bassompierre* ;
Martène, Anecdotes ;
Trésor des chartres ;
Raynald, Annales ;
Ménage, Dictionnaire étymologique ;
Colletet, Paris (la Ville de) ;
Germain Brice, Description de Paris ;
Saugrain, Curiosités de Paris ;
Ogier, Catalogue des rues de Paris ;
Delamarre, Traité de la police (Plans) ;
Lacaille, Histoire de l'imprimerie et de la librairie ;
Duhuillan, Histoire de France ;
Villeforest ;
Jean Alain Chartier, Histoire de Charles VII ;
Piganiol, Description de la France ;
Savaron, Traité contre les duels ;
Dutilliat, Mémoire sur la fête des fous ;
Mohuynet, Statuts de la basoche ;
François Villon, Poésies (Franches repues) ;
Dubreuil, Antiquités de Paris ;
Mémoires de *de Thou* ;
Miraulmont, Mémoires (Basoche) ;
H. Allain, Europe au moyen âge ;
Dericourt, Lois ecclésiastiques de France ;
Lobineau, Histoire de Paris ;
Crevier, *Histoire de l'université de Paris* ;
Recueil des priviléges de l'université de Paris, Du Boulay, 1674 ;
Statuts des maîtres en chirurgie de Paris, Le Prieur ;
Etienne Pasquier, *Antiquités, priviléges, etc., de Paris* ;
Lettres du même ;
Les Muses en France, Lefèvre, 1750 ;
Sainte-Foix, *Histoire de Paris* ;
Jaillot, *Histoire de Paris* ;
Sauval, *Antiquités de Paris* ;
Sismondi, *Histoire des Français* ;
Monteil, *Histoire des Français* ;
Histoire littéraire ;
Saint-Gal, *Histoire de Charlemagne* ;
Michelet, *Histoire de France* ;
De Saint-Victor, *Histoire pittoresque de Paris* (Plans) ;
Dulaure, *Histoire de Paris* ;
Duboulay, *Histoire de l'université* ;
Grégoire de Tours ;
Historiens de France.

X.

DIX-NEUVIÈME SIÈCLE. — Les Étudiants sous la Révolution et sous l'Empire. — Progrès des lettres et des sciences. — Organisation de l'université. — Écoles militaires. — L'École de Fontainebleau. — — L'École polytechnique depuis sa fondation jusqu'en 1815.

Un grand nombre d'étudiants, — les traditions l'attestent, — étaient initiés à la franc-maçonnerie et aux sociétés occultes qui précédèrent la révolution. La plupart de ces jeunes gens se ralliaient aux loges qui se tenaient rue du Pot-de-Fer, dans l'ancien noviciat des jésuites. « O changement, ô instabilité des choses humaines ! dit Mercier, poursuivant toute vieille institution d'un sarcasme révolutionnaire, qui l'eût dit, que des loges de francs-maçons s'établiraient dans les mêmes salles où on argumentait en théologie ; que le Grand-Orient succéderait à la compagnie de Jésus ; que la loge philosophique des *Neuf Sœurs* occuperait la chambre des méditations des enfants de Loyola ; que M. de Voltaire y serait reçu franc-maçon en 1778 ; que son éloge funéraire, et son apothéose enfin, se célébreraient avec la plus grande pompe dans le même endroit où l'on invoquait saint François Xavier !... O renversement ! le vénérable assis à la place du père Griffet, les mystères maçonniques remplaçant..., je n'ose achever. Quand je suis sous cette voûte inaccessible aux grossiers rayons du soleil, ceint de l'auguste tablier, je crois voir errer toutes ces ombres jésuitiques qui me lancent des regards furieux et désespérés. Et là, j'ai vu entrer frère Voltaire au son des instruments, dans la même salle où on l'avait tant de fois maudit théologiquement... O jésuites ! auriez-vous deviné tout cela, quand votre père Lachaise enveloppait son auguste pénitent dans ses mensonges les plus dangereux, et que d'autres de la même race lui inspiraient leur barbare intolérance, leurs idées basses, rétrécies, attentatoires à la dignité et à la liberté de l'homme ? Vous avez été les ennemis obstinés de la lumière bienfaisante de la philosophie, et des philosophes se réjouissent dans vos foyers de votre chute rapide ! Les francs-maçons, appuyés sur la base de la charité, de la tolérance, de la bienfaisance universelle, subsisteront encore, lorsque vos noms ne réveilleront plus que l'idée d'un égoïsme persécuteur ! »

Les basochiens, dans les premiers jours de la révolution, formèrent un corps spécial dont l'uniforme était rouge avec épaulettes et boutons en argent. Ils rendirent quelques services ; mais leur esprit de corps nuisait au besoin d'unité alors si nécessaire.

Un différend éclata le 2 août 1789 entre messieurs de la Basoche et le district des Barnabites. « Une patrouille de ce district voulut passer par les cours du Palais, qui est dans son arrondissement. Messieurs de la basoche s'y opposèrent. Après quelques contestations, messieurs des Barnabites, quoique bien convaincus qu'ils avaient droit, crurent devoir se retirer pour ne pas donner le spectacle d'une petite guerre civile. Ceci prouve le danger d'armer les citoyens par corporations et districts. Un bourgeois n'a pas le droit d'être armé parce qu'il est de telle ou telle profession, mais parce qu'il est citoyen. L'assemblée par corporation est donc contraire aux principes du droit politique. » (*Révolutions de Paris*, n° 4.) Les basochiens se soumirent, sans murmurer, au décret qui anéantissait leur corporation.

La jeunesse salua avec enthousiasme l'ère de notre émancipation politique. Les registres de l'université portent à l'année 1790 une requête « d'écoliers au recteur, qui demandent que les vacances soient avancées *pour qu'ils puissent se livrer aux élans de la liberté...* »

Le premier acteur de ce grand drame, Camille Desmoulins, qui arbora la cocarde de la liberté dans le jardin du Palais-Royal, sortait à peine des bancs de l'Ecole de droit. — Qu'on prenne un par un les noms des membres du tiers état, et l'on verra que la plupart des orateurs ou hommes politiques de l'Assemblée Constituante, de la Législative et de la Convention, exerçaient des professions libérales et avaient étudié, par conséquent, dans nos colléges et dans nos écoles de haut enseignement.

On voit les jeunes gens se mêler activement aux grands événements de cette époque, non pas à titre d'étudiants, mais comme citoyens.

Cependant les écoles libres des différentes villes de France ont leur fédération spéciale. Les élèves en droit et en médecine des départements fraternisent avec ceux de Paris.

On s'est plu à représenter l'instruction comme totalement déchue sous le régime qui suivit 89. C'est là une grave erreur et une haute injustice : jamais, à aucune époque, le développement de l'agriculture et de l'industrie, des procédés d'hygiène et de subsistance publique ne furent portés plus haut. Les sciences physiques, mathématiques et politiques firent également un immense progrès. Du 10 août au 9 thermidor, on compte le nouveau système des poids et mesures, le cadastre, les nouveaux systèmes monétaire et horaire, le calendrier républicain, l'invention des télégraphes et des aérostats appliquée. A côté de publicistes, de philosophes, de moralistes, d'économistes, de jurisconsultes, d'archéologues comme Saint-Just, Thomas Payne, Dupuis, Cabanis, Condorcet, Mercier, Cambon, Merlin, Theilhard, Volney ; d'orateurs, d'écrivains comme Robespierre, Vergniaud, Danton, Barrère, Marat, Camille Desmoulins ; de poëtes, d'auteurs dramatiques et d'artistes comme Chénier, Lebrun, Fabre d'Eglantine, David, Méhul, Gossec, la biographie révolutionnaire compte dans les sciences proprement dites Guyton-Morveau, Hassenfratz, Romme, Soubrany, Carnot, Prieur (de la Côte-d'Or), Monge, Lagrange, Laplace, Lalande, Lamarck, Dolomieu, Parmentier, Berthollet, Vauquelin, Fourcroy, Darcet, Pelletan, Boyer, etc.

« La Révolution protégea la science et exploita ses forces ; elle la sortit des théories, ou du moins l'introduisit largement dans les services publics, l'enseignement, la pratique ; elle la fit passer des académies et du laboratoire dans les arsenaux, les camps, les comités administratifs, les ateliers, les collèges. L'Institut, les Ecoles polytechnique, normale, centrales, spéciales, primaires, le Prytanée, furent des institutions supérieures à tout ce qui avait été pratiqué jusqu'alors. Si toutes ne furent pas organisées dès la première période républicaine, elles précédèrent les réactions directoriale, consulaire, impériale, qui les dénaturèrent toujours de plus en plus, quand elles ne les détruisirent pas ; de même que la réaction thermidorienne avait déjà altéré ou renversé les bases tracées par le régime révolutionnaire pour toutes les institutions qui l'ont suivi.

» Celles que la Convention fonda antérieurement au 9 thermidor sont : l'organisation de l'instruction publique, qui occupa si souvent les séances des jacobins, où il fut question de lui consacrer un journal spécial ; l'organisation des écoles primaires dans toutes les communes, avec obligation d'y envoyer les enfants ; l'établissement de trois degrés d'enseignement supérieur ; le règlement des institutions particulières d'instruction publique ; la fondation de bourses pour les enfants des défenseurs de la patrie ; l'affectation de diverses ressources aux besoins de l'éducation populaire ; l'établissement d'instituteurs de langue française dans les départements dont les habitants parlent divers idiomes ; la création d'écoles spéciales, entre autres des écoles de mathématiques et d'hydrographie de la marine ; d'une école nationale de sourds-muets à Bordeaux ; d'un institut national de musique à Paris ; d'une École de Mars, ouverte à 3,000 jeunes gens ; le Conservatoire des arts et métiers ; les Ecoles d'économie rurale et vétérinaire à Versailles et à Lyon ; celle des langues orientales ; les Ecoles révolutionnaires de navigation et de commerce maritime, le Bureau des longitudes, etc. » GODEFROY CAVAIGNAC. (*Monuments révolutionnaires.*)

N'oublions pas de mentionner les magnifiques rapports de Lepelletier et de Joseph Lakanal, tant sur l'éducation nationale que sur le projet de création d'écoles spéciales.

Napoléon crut voir un danger dans ce large système d'éducation ; il le restreignit et le subordonna à ses vues. Dès 1806, il fit de l'université impériale un corps soumis à une hiérarchie puissante, mais qui dépendait elle-même du chef de l'Etat. Le décret de 1808 transforma la plupart des anciennes universités de province en académies régies par un recteur et un conseil académique. A la tête était le grand-maître assisté du conseil de l'université. M. de Fontanes, instrument docile, fut nommé grand-maître. Cette centralisation administrative porte l'empreinte du génie de Napoléon ; mais on conviendra qu'elle se prêtait admirablement à toutes les exigences du despotisme. La forme militaire fut appliquée aux collèges, sortes d'écoles-casernes, qu'on appela des *lycées*. Le travail de la mémoire fut substitué à celui de l'intelligence. La jeunesse apprenait par cœur plutôt qu'elle n'étudiait ; on en revint aux huit classes employées au latin et au grec.

Quant aux écoles militaires, si remarquables sous l'empire, nous ne pouvons nous dispenser d'en dire un mot en passant. Ce sera une transition naturelle entre l'histoire des étudiants d'autrefois et le récit de la période moderne.

Lorsque la nouvelle génération, tout entière dans les camps, répandait son sang sur les champs de bataille, l'Ecole de Fontainebleau, pépinière d'élite, peuplait l'armée d'officiers braves et distingués. A peine étaient-ils formés à la théorie de la guerre, qu'on les envoyait par charretées à leur destination ; c'est-à-dire le plus souvent au trépas.

A côté d'elle grandissait l'Ecole polytechnique, qui illustra en même temps l'armée, les sciences et l'histoire. A ce triple titre, elle mérite une mention spéciale.

Appelée d'abord *Ecole des travaux publics*, cette brillante institution fut fondée sur un rapport de Fourcroy, et d'après le projet de loi de Lamblardie, directeur de l'Ecole des ponts et chaussées, du célèbre Monge et de deux membres du comité de salut public, Carnot et Prieur de la Côte-d'Or. Elle était primitivement destinée à fournir le génie civil et le génie militaire de bons théoriciens. Le premier local qu'elle occupa fut le Palais-Bourbon. L'ouverture de l'école eut lieu le 30 novembre 1794 (10 frimaire an III). Les élèves qui arrivaient des départements à Paris avaient pour solde le traitement de route alloué aux canonniers de première classe : 15 sols par jour, en assignats, équivalant alors à 4 sols en numéraire. A compter de leur arrivée, ils devaient jouir du traitement de 1,200 livres par an.

L'Ecole des travaux publics était, dans le principe, peu animée de l'esprit du temps. Voici ce que dit, à ce sujet, le premier rapport sur *l'examen au moral* : « La manifestation du patriotisme a été en général nulle. A l'exception du très-petit nombre, ils sont ignorants et indifférents. Indifférents ! tandis que les enfants même balbutient déjà les principes et les hymnes de la liberté !... — Je n'ai vu, en les considérant en masse, qu'une fraction de génération sans caractère, sans élan patriotique. »

Avant de classer les élèves, Fourcroy eut l'idée de faire ce qu'il appelait des *cours révolutionnaires*. C'était la révolution, c'est-à-dire la rapidité, l'énergie, la sûreté et la précision appliquées à l'enseignement préparatoire qui devait servir à apprécier la force des élèves et à les placer suivant leur avancement. Pensée hardie que celle de concentrer, dans un espace de trois mois, un enseignement reconnu assez considérable pour exiger trois années de travaux et d'études ! Cette difficulté fut cependant vaincue, et 349 élèves furent admis à la suite des premiers examens. Ils reçurent un enseignement ayant pour base la physique et les mathématiques. Les professeurs furent choisis parmi les savants les plus en renom de la France.

Le 20 mai 1795 (1er prairial an III), au moment même où Lagrange allait ouvrir son cours de mécanique, le bruit court à l'école que la Convention vient d'être envahie de nouveau par la masse du parti montagnard, et que l'attaque est encore plus énergique qu'au 12 germinal (1er avril). Les élèves, qui n'étaient pas exempts du service de la garde nationale, prennent les armes en faveur du gouvernement. Cette conduite leur attira plus d'une fois des rencontres avec des citoyens, qui leur reprochaient de se séparer du peuple. Les élèves se trouvèrent plus d'une fois compromis dans ces luttes souvent inégales, et leurs camarades quittaient l'école pour aller les défendre ou les venger, ce qui interrompait les études. Cependant quelques mois après, dans la fameuse journée du 5 octobre (13 vendémiaire an IV), un assez grand nombre d'entre eux se joignirent aux citoyens de Paris qui avaient pris les armes contre la Convention, et une enquête fut faite dans l'école par ordre du comité de salut public. Il fallait tout à la fois rassurer une autorité ombrageuse sur les dispositions de ces jeunes gens, et en obtenir pour eux des secours pécuniaires et du pain. Le zèle infatigable et l'énergique volonté des fondateurs de l'école, de Monge, de Prieur, de Lamblardie, triomphèrent de tous ces obstacles.

Une loi du 1er septembre 1795 changea le nom de l'école des travaux publics en celui d'*Ecole polytechnique*. Quelques élèves furent renvoyés pour ne pas avoir voulu prêter serment de haine à la royauté; mais ce n'était pas le sentiment général de l'école, quoiqu'on ait été jusqu'à dire qu'elle constituait une sorte d'aristocratie. Prieur imputa à des influences étrangères le fait « d'avoir rendu inutiles les mesures que la loi avait prises pour empêcher d'admettre à l'école le jeune homme dont le cœur serait étranger à l'amour de la patrie. »

Il fut décidé, en conséquence, que les certificats de bonne conduite et de civisme seraient délivrés, non plus par la municipalité du lieu du domicile, mais par le commissaire du directoire près le département. A cette époque les élèves n'étaient pas logés à l'école, mais chez leurs parents ou leurs correspondants, et ils venaient suivre les cours.

Une loi du 22 octobre plaça l'école dans les attributions du ministre de l'intérieur; ajouta aux services pour lesquels elle formait des sujets celui de l'artillerie; réduisit à trois cents le nombre des élèves; fixa la durée des études à trois ans; prescrivit, enfin, qu'on ne serait admis aux écoles particulières du génie, des ponts et chaussées, des mines, etc., qu'après avoir passé par l'Ecole polytechnique. En 1798, une nouvelle loi, conçue par Laplace, ministre de l'intérieur, ajouta au service de l'école *l'artillerie de marine* et retrancha *l'aérostation*. Elle accordait aux élèves le titre de sergent d'artillerie et le traitement de ce grade. Le conseil des cinq-cents, comme précédemment le directoire, présenta de vives objections contre l'organisation de l'école. Prieur les réfuta avec fermeté et démontra les services que rendait son enseignement supérieur dans les sciences spéciales. Le conseil décréta néanmoins que le nombre des élèves serait encore diminué d'un tiers, qu'ils ne resteraient que deux ans à l'école et qu'ils porteraient un uniforme.

L'Ecole polytechnique prit une belle part à l'expédition d'Egypte. Les professeurs Fourrier, Berthollet, Monge et trente-neuf élèves allèrent partager les glorieux périls de l'armée d'Orient. Huit d'entre eux y périrent victimes de la guerre et du climat; dix-sept firent partie de la commission artistique et scientifique, et coopérèrent au grand ouvrage sur l'Egypte, un des monuments impérissables de l'esprit humain.

A cette époque commença la réputation de patriotisme de l'Ecole polytechnique. Napoléon fut touché des preuves de dévouement que donnèrent ses élèves.

Ainsi, après la rupture de la paix d'Amiens, à la nouvelle de la reprise des hostilités entre la France et l'Angleterre, ils versèrent une somme de 4,000 fr. pour les frais d'équipement des flottilles; et ils construisirent eux-mêmes, sous les murs de l'école, un bateau-canonnier de premier ordre; puis, trente d'entre eux présidèrent à la construction des embarcations-modèles mises sur le chantier devant l'hôtel des Invalides, pour être envoyées et copiées dans les départements de l'intérieur. Napoléon leur fit écrire « qu'il ne s'attendait pas à moins de la part d'une jeunesse avide de gloire et pour qui l'honneur national devient un patrimoine. » Les élèves furent admis, soit en corps, soit par détachements, à quelques-unes des solennités qui suivirent son avénement à l'empire. Dans la plus éclatante de toutes, celle du sacre, une députation de sept élèves fut appelée avec les différents corps de l'armée, et représenta le bataillon des élèves dans tous les actes de cette cérémonie.

Pendant les quatre années (1801-1804) qui précédèrent le casernement, le théâtre, où les élèves allaient chercher de trop fréquentes distractions, était souvent troublé par des scènes de désordre dans lesquelles le nom de l'Ecole polytechnique fut plus d'une fois mêlé. Des plaintes réitérées, soit du ministre de l'intérieur, soit de la police, et l'arrestation de plusieurs élèves accusés d'être les provocateurs, avaient vivement excité l'attention du conseil de perfectionnement. Il infligea de légères punitions et arrêta que tout élève qui serait reconnu dans un lieu public sans être revêtu de son uniforme, serait exclu de l'école, « sans autre délibération que celle qui aurait pour objet de constater le fait. » Instruit d'ailleurs qu'un journal qui circulait parmi eux les entretenait de spectacles, occasionnait des discussions, et pouvait être une des principales causes de l'agitation, il défendit provisoirement l'introduction d'aucun journal dans les salles d'études. Mais de nouveaux troubles eurent lieu; un chef de brigade fut destitué, et un élève exclu. Il est juste de dire que le plus grand nombre resta étranger à ces désordres.

En 1804, l'organisation de l'école fut changée radicalement. Elle fut formée en corps militaire et casernée. L'obligation fut imposée aux élèves de payer une pension de 800 francs par an et de se fournir d'un trousseau, de livres et d'instruments nécessaires. Plus tard, des bourses furent créées.

La translation de l'école dans les bâtiments du collége de Navarre, à la montagne Sainte-Geneviève, eut lieu le 11 novembre 1805. On y ouvrit les cours de la douzième année. Tout y présenta dès ce moment un appareil militaire. Le général Lacuée fut nommé gouverneur de l'école. Chaque élève reçut avec l'habit uniforme un fusil d'ordonnance et une giberne. L'école du soldat et du peloton, le maniement des armes, les évolutions, l'exercice à feu occupèrent une partie du temps des récréations. Les élèves fournissaient même un poste. On leur donna un drapeau qui portait cette inscription :

POUR LA PATRIE,

LES SCIENCES

ET

LA GLOIRE.

De 1796 à 1835, l'Ecole polytechnique a fourni à l'armée de terre 2,839 officiers, à l'armée de mer 289, et au génie civil 818; total 3,946. C'est un peu plus de 100 sujets par an. Depuis le grand développement des travaux publics en France, cette école fournit, année moyenne, 10 à 50 ingénieurs aux ponts et chaussées.

Nous venons de parler de l'Ecole polytechnique comme institution; désormais nous parlerons du rôle que jouèrent ses élèves, comme citoyens, au milieu des faits qui formèrent le dénoûment de la Restauration.

Fin de la première partie.

Paris. Imprimerie Gerdès, rue Bonaparte, 42.

www.ingramcontent.com/pod-product-compliance
Lightning Source LLC
LaVergne TN
LVHW050035070726
842526LV00015B/1706